科 学 之 光
LIGHT OF SCIENCE

DIE INDUSTRIELLE REVOLUTION

DIETER ZIEGLER

［德］迪特·齐格勒 著

秦俊峰 刘姝 译

德国工业革命

中国科学技术出版社
·北 京·

图书在版编目（CIP）数据

德国工业革命 /（德）迪特·齐格勒著；秦俊峰，刘姝译 . -- 北京：中国科学技术出版社，2024. 11.
ISBN 978-7-5236-0980-4

Ⅰ . F451.6

中国国家版本馆 CIP 数据核字第 2024JB8821 号

Originally published in German as
Die industrielle Revolution
© 2012 by wbg (Wissenschaftliche Buchgesellschaft), Darmstadt

北京市版权局著作权合同登记　图字：01-2024-2661

策划编辑	李惠兴　崔家岭	
责任编辑	崔家岭	
封面设计	中文天地	
正文设计	中文天地	
责任校对	邓雪梅	
责任印制	马宇晨	

出　　版	中国科学技术出版社
发　　行	中国科学技术出版社有限公司
地　　址	北京市海淀区中关村南大街 16 号
邮　　编	100081
发行电话	010-62173865
传　　真	010-62173081
网　　址	http://www.cspbooks.com.cn

开　　本	880mm×1230mm　1/32
字　　数	167 千字
印　　张	7.125
版　　次	2024 年 11 月第 1 版
印　　次	2024 年 11 月第 1 次印刷
印　　刷	北京长宁印刷有限公司
书　　号	ISBN 978-7-5236-0980-4 / F·1299
定　　价	78.00 元

目　录

第一章　德语国家和欧洲的工业化　　　　　　　　1

第二章　工业化的轻工业阶段（1770—1840）　　18

　一、制度性革命　　　　　　　　　　　　　21

　二、区域现代工业发展的最初萌芽　　　　　50

　三、社会后果　　　　　　　　　　　　　　59

第三章　工业化的重工业阶段（1830—1890）　　74

　一、重工业的主导部门复合体　　　　　　　74

　二、采矿冶金工业先发地区的诞生　　　　　123

　三、社会后果　　　　　　　　　　　　　　137

第四章　新产业的工业化阶段（1880—1914）　　148

　一、旧主导部门的活力衰减　　　　　　　　152

　二、国家的新角色　　　　　　　　　　　　163

　三、新兴工业的主导部门复合体　　　　　　177

　四、工业化的区域性扩展　　　　　　　　　192

　五、社会后果　　　　　　　　　　　　　　200

第五章　结束语　　　　　　　　　　　　　　　205

参考文献　　　　　　　　　　　　　　　　　　209

第一章
德语国家和欧洲的工业化

欧洲的工业化不仅是一个全球性的历史事件——因为从中期看，它以这样或那样的方式影响了地球的每一个角落——甚至具有一种人类历史的维度。原因在于，许多历史学家认为人类历史上只有一个可以与工业化相媲美的转折点：新石器时代人类的定居以及伴随其后的农耕和畜牧业的发展。这不无道理。从这个跨越一万多年的视角看，至少持续了一个半世纪的欧洲工业化的的确确表现为一场突如其来的剧变，一场工业的革命。

同样从近代历史的视角看，工业化无疑是一个划时代的转折点。然而，在新近的研究中，同时又越来越多地强调渐近的变化，即工业化的进化的特征。于是提出这样一个问题：变革的进程是否开启得比人们长期以来假设的还要早得多，以及——着眼于欧洲的边缘地区，毋庸提及亚洲、拉丁美洲和非洲——它是否俨然已经终结？因此，任何关于革命或进化的讨论都应当发端于对"工业化"或"工业革命"的定义，以便能够就标志这一变革进程的起始点的特征达成共识。

"革命"或
"进化"

技术进步和经济效益

有一个天真但普遍流传的观点："工业革命"等同于蒸汽机。据此，工业化始于这一革命性的新型发动机的发明，其终结则可以追溯到内燃机和电力发动机取代蒸汽机的时代。该观点唯一正确的是，蒸汽机，特别是装有轮子并放置在轨道上的蒸汽机（机车），是工业化的象征。但是，关于一项技术发明便引发了工业化的观点则是荒谬的。

当然，如果没有煤炭和焦炭、蒸汽机，被誉为第一台棉纺机的珍妮纺纱机或者通过"搅炼"的方式炼钢，欧洲的工业化是不可想象的。就这方面来说，上述以及其他技术成果为工业化提供了一个必要条件，但还远远不够。世界历史上的许多"发明"最初根本没有任何实际意义，而是直到很久以后方才得到普及。决定一台机器或一项技术工艺能否实现其经济价值，更多的是对（能够使用这台机器或这项工艺生产的）产品已有的或至少潜在的需求，以及其应用的经济效益。

珍妮纺纱机

由于织机织造比用手纺轮纺纱速度更快，因此在 18 世纪中叶前后，英国的伯爵领地兰开夏即出现了纱线短缺的急迫情况。需求如此之大，以至于只有通过持续提高劳动生产率方才能够找到解决方案。例如，英国艺术协会于 1761 年公布了一项奖项，旨在寻找一种"一次能纺六根羊毛线、亚麻线、大麻线或棉线，并且只需单人操作"的机器。这不仅是为了解决纱线短缺的问题，也是为了在空间上将迄今为止居家织布导致的分散型生产集中起来。因此，机械化也是企业家保持对不断扩增的生产进行调控的精准尝试。生产控制成为最初的工厂的关键和核心所在，甚至优先于降成本。

　　由手工纺织工詹姆斯·哈格里夫斯[①]发明的珍妮纺纱机满足了上述指标要求。有了它,一个女工最初可以用一个手摇柄同时驱动六个纺锤。后来,由于纺锤数量不断增多,手摇柄被水轮传动装置取代。珍妮机最主要的竞争对手来自假发制造商理查德·阿克莱特[②]稍晚一些发明的水力纺纱机,它模仿脚踏纺纱车的不间断纺纱,并且从一开始就将尺寸设计得更大,以至于水轮传动机甚至成为它的专属名称。

　　詹姆斯·瓦特[③]的成就并不在于发明了蒸汽机,乔治·斯蒂芬森[④](1781—1848)和他的儿子罗伯特[⑤]的成就也不在于发明了机车。但他们确实以其独特的方式发明了

[①] 詹姆斯·哈格里夫斯(James Hargreaves,1720—1778),英国纺织工,1765年发明珍妮纺纱机(以其小女儿珍妮命名),以机械装置替代手工控制喂入粗纱,使纺工的劳动生产率大大提高,标志着英国工业革命的开端。——译者注

[②] 理查德·阿克莱特(Richard Arkwright,1732—1792),英国发明家、早期工业革命的领军企业家,出身于贫苦家庭,早年以理发和制作假发谋生,1769年发明水力纺纱机并取得专利权,1771年创办纺织工厂,被誉为"近代工厂之父"。——译者注

[③] 詹姆斯·瓦特(James Watt,1736—1819),英国机械工程师,早年在仪表修理厂学徒,后对蒸汽机产生浓厚兴趣并开始各类实验,并于1776年制造出世界上第一台具有实用价值的蒸汽机,后在工业上得到广泛应用,使人类进入"蒸汽时代",以此奠定了工业革命的重要基础。——译者注

[④] 乔治·斯蒂芬森(George Stephenson,1781—1848),英国机械工程师,出身于煤矿工人家庭,早年在煤矿谋生,1814年制造出世界第一台蒸汽机车,1825年与其子罗伯特·史蒂芬森共同制造出世界上第一台在公共铁路上载客的蒸汽机车,被誉为"铁路之父"。——译者注

[⑤] 罗伯特·斯蒂芬森(Robert Stephenson,1803—1859),英国早期工程师,热衷于机车研发并取得了不计其数的成果,被誉为19世纪最伟大的工程师。——译者注

第一台可以用于经济活动的机器，这首先需要功率输出具有一定程度的可靠性和连贯性，其次还需要在能源使用和功率输出之间找到经济上的平衡点。例如，早在瓦特的发明之前，蒸汽机即已在煤矿中用于对排水进行调控。然而，由于能源消耗高，只有在可以直接使用煤炭作为动力能源的情形下，它们的使用才是经济的。因此，瓦特的发明的革命性并不在于其技术原理，即煤炭不仅仅可以作为热能载体，而且也可以作为动能载体加以利用。对蒸汽机的成功应用至关重要的是能源的经济利用价值。由于现在煤炭不再仅仅用作取暖的燃料，而且还可以用作蒸汽机的助燃剂，从中期看，这便为煤炭开辟了一个巨大的新兴市场，不仅使蒸汽机的用户能够在不同的领域降低生产成本，而且还使得煤矿业鉴于市场的拓展而扩大了投资，从而使产量更大，成本更低。

作为开路先锋的纺织工业

然而，蒸汽机的上述效应辐射到其他领域并非是立竿见影的。因为蒸汽机的价格昂贵，采购这样的机器在最初阶段给每个企业家都带来了风险。因此，"蒸汽机经济"耗费了数十年方才在英国形成规模。而欧洲其他地区甚至耗费了一代或者几代人的时间方才迎来它的普及。

因此，被视为现代工业生产先驱的并非重工业，而是纺织工业，或者更准确地说是棉纺工业。它决定了18世纪下半叶工业化的第一阶段。但最初它只在英国，甚至只在诸如兰开夏郡、棉花港口利物浦以及邻近的工业化的首个大型城市曼彻斯特等少数地区产生了效应。

蒸汽机在第一阶段仍然扮演着次要角色。18世纪60年代第一台纺纱机——珍妮纺纱机的发明和应用甚至比瓦特的蒸汽机提前了好些年。纺纱机和蒸汽机的共同应用甚

至还要晚了很久。单单是脚踏纺纱车这个名称即足以说明
这一点。在阿克莱特位于诺丁汉的工厂中虽然率先实现了
代表工业化典型特征的工作机械和动力机械之间的互连，
但纺纱车并非通过蒸汽驱动，而是通过畜力推动的绞盘
（马力）驱动的。当这座工厂毁于一场大火以及阿克莱特
于克罗姆福德建立了他的第二家工厂后，纺纱机改为水力
驱动。

工厂

　　工厂是一个集中的生产场所，其生产过程比传统的手工
业生产分工更加细化。工厂配备了一套动力和工作机械系统，
在工厂设立之初，操作工作机械需要具备高标准资质的手工
作业。减少手工作业量乃至实现生产自动化的努力始于 19 世
纪，但直至 20 世纪方才取得重大成果。

　　对于工厂的员工来说，工厂的重要性不仅限于其作为生
产场所的重要意义，同时它还构建了一种社会和统治的联合
体，使企业成为经济、社会和社会冲突的舞台。这也使其成
为一种新的时间关系（即工作时间和休闲时间的截然分离）、
共享工作经验、合作与团结的场所。

**20世纪初马克斯·韦伯①关于机器和工厂对于现代人类重要性
的论述**
马克斯·韦伯，《经济与社会：理解社会学纲要》，图宾根，
1972 年，第 835 页。

---

① 马克斯·韦伯（Max Weber，1864—1920），德国社会学家，是
现代西方一位极具影响力的思想家，与卡尔·马克思和埃米尔·杜尔
凯姆并称为社会学的三大奠基人，一生著述颇丰，对中国也很有研
究。——译者注

> 一部无生命的机器就是凝固了的精神。唯有它正是如此，才能完全像在工厂中实际发生的那样赋予这部机器权力，迫使人们为它服务并支配他们日常的劳动生活。然而，此种凝固的精神也是一部有生命的机器——官僚组织，其特征体现在其经过训练的技能性工作的专业化、其管辖权限的界定、其规章制度以及等级制的服从关系。它和无生命的机器结合在一起，正在构建奴役的躯壳，有朝一日，人们也许就像古埃及国家的农奴一样，无可奈何地被迫栖身其中。

直至因为兰开夏郡的河道上布满了水车而使能源变得不再充裕，导致水力出现紧缺时，蒸汽机的时代方才到来。与此同时，机器的改良已经取得了显著进展，以至于在比较有关畜力推动的绞盘以及蒸汽机的投资和运营成本时利好的天平越来越向后者倾斜。摆脱对水力驱动的依赖还在欧洲大多数地区实现了工业化具有代表性的第二种发展模式，即生产在城市集聚（而不是沿着水道迫不得已的分散式生产）。

蒸汽机车的情形也很类似。轨道早在蒸汽机车出现之前即已建成，用马匹牵引的货车在轨道上运行。通常此类轨道用于将煤炭或生铁运输到最邻近的河流或运河。自 18 世纪与 19 世纪之交以来，以蒸汽机的马力取代自然界的马力是显而易见的。但囿于蒸汽机车对于轨道来说过于笨重，所有尝试在很长一段时间内都以失败告终。另外，轻型蒸汽机车则过于脆弱，且功率不足。

与瓦特相似的是，罗伯特·斯蒂芬森的成名也并非因为发明了蒸汽机车，而是发明了第一台能够在常规交通中可靠运行的机车。他通过使用他的"火箭"参加在第一条现代的铁路，即利物浦－曼彻斯特铁路的最早一段铁轨上举行的竞赛为自己正名。他赢得了这场竞赛并获得了该铁路公司的第一批机车订单。

"火箭"

在利物浦至曼彻斯特铁路的建设之初，火车应当如何在这条线路上行驶绝非是笃定的。由于缺乏可以对在常规交通中行驶这段距离寄予信任的机车，所以最初考虑使用固定式蒸汽机，通过复式滑车的牵引运行机车。然而，高级工程师乔治·斯蒂芬森说服铁路公司的负责人进行一次实验。

1829年10月初，一场为期9天的竞赛（"雨山试车选拔赛"）在利物浦郊外的一段1.5英里^①长的平坦轨道上举行，以竞选功率最强大的（固定式和机车式）蒸汽机。这场竞赛的获胜者是由斯蒂芬森的儿子罗伯特在其纽卡斯尔工厂设计的"火箭"蒸汽机车。它的最高时速达到了24英里/小时（39千米/小时），并且在该路段上无障碍地行驶了数趟。这次成功为一个功成名就的蒸汽机车工厂奠定了基础，而这座工厂后来向德国出口了不计其数的蒸汽机车。

如果依据技术发明对工业化作出定义是没有任何意义的，因为只有当其投入使用的成本收益率有助于其快速推广（从而也有助于进一步的技术改良）时，这样的发明才会成为创新，有鉴于此，必须使用经济的标准对工业化用出定义。长期以来，对经济增长的提速一直是工业化的一个决定性特征。较早的研究认定英国的经济增长自18世纪60年代以来显著加速，因此将之称为"工业革命"。类

**对工业化的
定义**

---

① 1英里折合1.609千米。——译者注

似地，人们认为同样的革命性的进程于 19 世纪 60 年代在比利时、瑞士、法国、德国，稍后于奥匈帝国、意大利和斯堪的纳维亚半岛得到了复制，并于 19 世纪末进入沙皇俄国而宣告终止。

经济增长

对经济增长的阐释是国民生产总值的实际增长（即扣除通货膨胀的因素），即特定时期（通常是一个日历年）国内生产的所有商品和服务的总价值。为了衡量一个国民经济体的相对规模，国民生产总值通常按照人口数量进行统计（人均收入）。

今天，德国的国民生产总值是由联邦统计局通过国民经济核算账户进行计算的。而这样的部门在前工业化时代和早期工业化时代并不存在。这一时期对应的统计数据直至后来方才依据流传下来的极度支离破碎的数据估测得出。因此，这些数据必须被慎之又慎地加以使用。

经济增速　　然而，一段时间以来，研究已经偏离这一轨道。特别是对于英国来说，业已得到验证的是，迄今为止，归因于在"机器时代""工业革命"开启之前的数十年里发达的手工业生产以及家庭作坊式的原始工业，经济增长被严重低估。有鉴于此，考虑到 18 世纪 60 年代国民生产总值的初始值高于先前的假设，因此增长速度不可能像早期的著作所假设的那么迅速。正是如此，人们认为经济增长是一个逐渐加速的进程。

如今，一些作者在关乎欧洲大陆经济体的案例中也提出了类似的观点。就法国而言，"工业革命"的理念无论如何均不适用于这个国家，因为 18 世纪中叶法国的人均国民收入水平已经与英国旗鼓相当，但随后被增长势头更劲的英国国民经济完全碾压。进入 19 世纪，法国仍然远远领先于其他欧洲大陆国家，但在接下来的几十年里被一些竞争对手追赶上，在某些领域甚至被超越。与政治发展相反的是，法国的经济发展始终寻求不到什么"革命性"的东西。

比利时和德国的情况有所不同，这两个国家均能够在短短数十年内与领先的工业国家齐头并进。然而，就德国而言，如今也开始了关于"机器时代"开启之前的经济增长是否被低估的讨论。尽管如此，德国和比利时、特别是 19 世纪末欧洲国民经济增长最快的瑞典，仍然最适合用来挽救关于将经济的加速增长作为工业化或工业革命标准的概念。

然而，由于今天的工业化很少再被视为一个国家的进程，而更多地被视为政治范畴或超越这一范畴的地区工业化的欧洲现象，所以关于工业化的定义必须适用于整个欧洲标准。然而，法国和英国的增长路径足以颠覆加速度的经济增长的概念。

与之相关联的一个可替代的定义是关于不断加速的资本积累的标准。为了能够经济高效地利用"机器时代"的技术成果，需要改变商业生产的组织架构。开办工厂、矿山、造船厂、炼铁厂以及修建运河和铁路必然需要资金，而迄今从未将资金用于此类目的。

资本密集度

资本积累

对资本积累的理解是通过新的投资扩大国民经济的资本存量。投资是以储蓄收入为其资金来源，因此投资是以有收入的人为扩大生产资料的生产而放弃消费为前提的。节省下来的货币收入可以是已经分配的收入，以贷款（直接或间接地通过银行及资本市场）或参股（通常是购买股票）的方式提供给经济活动。然而，投资也可以用尚未分配的收入进行融资，例如对公司利润不予分配，而是将其全部或部分用于扩大企业的生产。

然而，这一定义也未能立得住脚，工业发展的先驱再次提供了决定性的反驳论据。在此方面应当记住的是，英国工业化最初绝非以资本密集型的重工业，而是以劳动密集型较多、资本密集型相对较少的纺织业为其鲜明特征。相较之下体量大得多的资金投资于各地均需要的谷物磨坊，因此早在工业化开始之前即在全国各地都建造了谷物磨坊。从技术上讲，无论是风车还是水车，直至19世纪整个欧洲仍然处于前工业化阶段。鉴于前工业化资本的此种投入方式，现代的英国棉纺厂的数量几乎可以忽略不计。"现代"的工厂太少，无法在统计上显示一个显著、甚或是急剧增加资本的积累。

经济产业重要性的变迁　衡量工业经济和工业社会的另一个标准是就业人员在各个经济产业的分布。在前工业时代，绝大部分人口从事第一产业，即农业的生产。与今天不同的是，在农业社会向工业社会转型期间，第三产业（即服务业）的高比例绝不是"现代性"的标志。相反，18世纪和19世纪第三产业从业人员的职业构成与今天完全不同。这尤其适用于女性就业者。20世纪典型的"女性职业"要么根本不存在，要么至少在数量上可以忽略不计。适用于女性的护理类和"社会性"职业几乎不存在。特别是病人护理、助产等，即使在前工业时代也被认为是"女性"的（属性），但通常仍然被视作"义务性"的，主要由教会机构负责实施。另外，女售货员和女秘书是 20 世纪初期新开发的职业。因此，在第三产业就业的女性中很大一部分是家庭雇员，尤其是女佣，但今天她们在数量上几乎无足轻重，因为在 20世纪 20 年代至 50 年代相对较短的时间内，随着工业技术进入千家万户，女佣即被"合理化地清除"了。

经济产业

经济由三个产业组成：第一（或初级）部门包括初级生产（农业、林业和渔业）；第二（或从属）产业包括制造业（手工艺和工业）、采矿、建筑和公用事业；第三产业包括贸易和运输，以及服务和公共管理。

相反，第二产业，即手工业和商业领域的从业人员，其所占比例的增长标志着向工业经济的过渡。然而，该标准也并非一点问题没有，因为统计数据并没有将（前工业化时期）生产领域的手工业者和产业工人区分开来。如果一方面，一个手工业学徒因为其师傅在其车间生产的马车无法再与铁路竞争而失业；另一方面，一家火车车厢的制造企业因为对铁路的需求增长成功将马车淘汰而雇用了一名额外的工人。在上述情形下，尽管"前工业化"的工作岗位已被"工业化"的工作岗位所取代，但第二产业从业人员的统计数据却没有变化。第一产业的境况亦是如此。通常情形下，原始工业的家庭作业是由小规模业主和小农在农村以副业的形式经营的。然而，这种向工业生产的过渡形式在统计中是无法识别的。因为作为家庭手工业者获取额外收入的小农被纳入第一产业统计，与全职农民别无二致。因此，"现代的"从业者和前工业化的劳动者可能分别隐藏在第一产业和第二产业中，而没有体现在统计数据中。但即使能够在统计中将第二产业的手工业者和产业工人区分开来，与直至19世纪70年代仍然大量存在的手工业者相比，德国产业工人的数量少得可怜，以至于将其单独统计时几乎难以察觉任何有利于第二产业就业结构的转变。

经济增长的波动

20世纪70年代，经济历史学家莱因哈德·施普雷[①]通过对现代的，尤其是快速发展的工业增长模式的辨识以及对其规律性的检视，能够相对精准地确定德意志关税同盟各成员国工业化的起点。在这当中，他可以确定的是，自19世纪40年代起，工业化对经济发展趋势的影响变得如此重要，以至于经济形势的变化不再取决于农业的收成波动，而是取决于工业经济的发展。

经济发展趋势

经济增长从来都不是一个年复一年地以大致相同的速度进行的千篇一律的进程。相反，每一年的波动可能相当巨大。在近代早期，经济发展很大程度上取决于农业生产的波动。这些波动是不规则的和带有偶然性的，因为除了17世纪和18世纪的战争及其引发的后果外，它们基本上都是由气候因素决定的。

19世纪德国的工业增长最初始于少数部门和地区，然

---

① 莱因哈德·施普雷（Reinhard Spree，1941— ），德国社会经济史学家，以研究历史经济周期、社会不平等问题著称，代表作《1840年至1880年德国经济的增长周期》等。——译者注

后从那里缓慢延展。由此，增长的节奏摆脱了气候的偶然性，而是由归因于接连不断的创新和投资浪潮导致的工业经济在整个经济中的重要性的提升及其引发的后果所决定。这便产生了一种周期性的节奏，并因为全球经济不断增多的相互依赖性，于 19 世纪下半叶将越来越多的国民经济体带入此种节奏，而它们的增长周期现在基本上都是同步的。

　　直至 1873 年，德国经济增长的特点呈现出一个长期的上升阶段的特征——短期的波动除外。历史学家弗利德里希·伦格 ① 新近才再次强调这一观察结果与有关"工业革命"旧的观念之间的兼容性。此外，迄今为止对于"工业革命"的实证验证，没有比施普雷的概念更加具有说服力。尽管如此，施普雷的分析是基于一系列统计权重，而这些权重并非没有受到质疑。此外，尚未得到验证的是，此种方法是否也适用于记录从前工业化经济到工业经济的更为缓慢的变迁。

　　除此之外，在工业化初期，几乎所有欧洲国家计算国**统计的问题**民收入的数据基础都极其不完整。该组数据通常基于建立在对各自国家工业发展具备一定了解基础之上的估测。如果基于此种理解内推得出缺失的数据，那么从另一方面看，不能将之用于准确论证此种"前理解" ②。否则的话，那将是同义反复。

　　最后，应当考虑到，用于计算国民收入、资本积累等

---

① 弗利德里希·伦格（Friedrich Lenger，1957— ），德国历史学家，以研究经济、社会和文化历史，尤其是现代城市的历史著称，现在德国吉森大学担任中世纪和现代史教授。——译者注

② 哲学概念，是对某种观念、事物在新的理解之前所具有的自我阐释的状态，保留了个人与历史和文化的承袭关系。——译者注

一切可支配的数据总是取决于政治的边界，但政治上定义的区域极少等同于经济区域。无论如何，这适用于民族国家，即便是诸如比利时或瑞士这样体量小的民族国家，但也适用于诸如普鲁士各个省这样规模较小的行政单位。尽管如此，劳动力在各个经济领域的分布可以被视为工业化进程的一个粗略的指标。例如，如果我们将萨克森王国与梅克伦堡－什未林大公国进行比较，很容易辨识出 19 世纪下半叶哪一个德意志邦的工业更为先进。在此一方面，萨克森早在 1871 年只有 28% 的劳动力从事农业，而同一年梅克伦堡－什未林的这一比例为 62%。另一方面，在许多平均发展水平发达的行政单位中，例如普鲁士的莱茵省，也有一些诸如埃菲尔[①]的地区，不但未曾受到工业化的影响，甚至还处于"去工业化"的状态，资本、劳动力、技术以及企业的专业人员都在外迁，因为煤炭时代具备的木材资源丰富的前工业化时期的区位优势不再具有任何价值，而如今的边缘位置以及交通开发的难度则成为发展的区位劣势。

分期的问题　　与许多其他民族国家定义的工业化路径相比，几乎所有指标都将德国的工业化阶段定格于 19 世纪 40 年代中期——中间只是因为 1848 年革命及其引发的后果而短暂中断——以及 70 年代中期之间，即帝国建成后繁荣的衰减。因此，在有关德国工业化的文献中，这一时期有充分理由被称为"工业革命"阶段，或者用较早的工业化概念的术语将其称为"起飞"或"大冲刺"，这是一个关于早期工业化的准备阶段，并在克服了 19 世纪 70 年代末和 80

---

① 位于德国的西部边境，毗邻比利时和荷兰。——译者注

年代的增长疲软之后，随即进入了高度工业化的阶段。

尽管上述分期对于关税同盟国家和德意志帝国的整体经济发展意义非凡，但它取代了地区特色，并且将德国的发展置于整个欧洲背景之下进行的考量还很不够。经济秩序和经济政策，19世纪尤其是贸易政策，虽然可以创造出只在一定政治边界内有效的条件，但商品、资本、劳动力以及技术早在18世纪即已实现了跨境流通，所以英国向欧洲大陆出口棉纱和棉织物，而不输出机器以及能够安装和操作此类机器的人员的尝试是毫无希望的。最迟在对欧洲大陆的封锁宣告结束以及英国的纱线和织物进入欧洲大陆市场几乎畅通无阻之后，越来越多的德国同时代人开始转向英国模式，即使在那里工业化引发的社会后果和政治后果遭到批判性的审视。

但是，至少欧洲大陆的"后来者"不必重新发明车轮，而是可以学习英国的模式，并结合自身的情况因地制宜地接纳英国业已取得的一些成就。智能化的效仿所节约的成本是相当可观的，这在很大程度上解释了为什么一些欧洲大陆经济体和美国能够在19世纪末在诸多领域赶上甚至超过英国。对于英国人来说，意识到自己不再是"世界工厂"，并且向邻国学习完全是有意义的，这是一个非常痛苦，因而也是漫长的过程。其结果是，他们在某些领域落后了，并且再也没有像所有后来居上者中最具活力的美国和德国那样，于第一次世界大战之前在电气工程行业取得领先地位。欧洲国家之间的经济合作，无论在个案中有多么棘手，其机制化绝非始于1957年的《罗马条约》，更非始于1973年英国加入欧洲经济共同体。

欧洲的奇迹：工业化

边界空间　　除经济交流逾越国境的重要性之外，原材料储备，特别是煤炭以及铁矿石和其他矿产资源的分布也不受国境的制约，在国境的两侧形成了工业区域。就德国而言，仅需列举列日和亚琛之间的德比工业区、德法的萨尔工业区或撒克森－波希米亚以及西里西亚－波希米亚的边境地区为例。任何阻止邻近的经济地域相互赋能的企图不仅会损及邻国，而且还会迟缓其自身的发展。无论普鲁士人多么憎恶诞生于一次革命中的比利时，但倘若没有比利时工业区的推动，不仅亚琛工业区的历史，就连整个鲁尔区的历史都将改写。

然而，如果离开民族国家的视角，对工业化阶段性的定义，即早期工业化、"起飞"和高度工业化，便不可能成立。因为当德意志关税同盟成立时，普鲁士尚处于早期工业化阶段，而英国已经是一个工业国家，正在经历其第一次铁路大繁荣，而另一方面，俄罗斯的经济还完全陷于封建主义的束缚之中。

因此，下文遵循另一种周期模式。当今的研究一致认为工业化是一个不平衡且不同步的进程，既体现在不同的经济领域，也体现在不同的地区。在国家范畴内，这甚至适用于诸如比利时这类相对较小的国家，因而也更适用于整个欧洲大陆。

区域的不同步和不平衡发展意味着区域增长核心的出现，它们之间相互作用，并带动了仍然落后的邻近区域。极其笼统地看，区域增长核心是起始于英国的工业增长区，一个方向是沿着煤矿带自法国海峡沿岸向西向东延伸至波希米亚北部和上西里西亚，另一个方向是沿着莱茵河自北向南延伸至瑞士的阿尔卑斯山麓，并经由那里抵达皮埃蒙特。

经济领域的不同步和不平衡发展意味着并非所有工业部门同时受到工业化的影响，而是一个渐进的过程。在此期间，形成了机械化的棉纺厂、铁路或电气化等一些基于"基础创新"的工业主导部门，而这些领域能够在较长时期内从根本上决定增长的节奏。这些主导部门的增长动力一般会延续数十年，中间会略有波动，直至最终失去动能。在这些增长乏力的阶段，随之便出现了基础创新的新突破，在历经一段时间后即发展成为新的工业主导部门，进而主宰了增长的动能。

经济领域的不同步

在 19 世纪，如果一个落后国家的国民经济想要追赶上正在经历工业化的经济体，通常必须适应较发达经济体的增长模式，例如以较低的劳动力成本来对冲其劳动生产率和产品质量的低下。在经济繁荣阶段，需求通常十分旺盛，以至于即便在开始阶段价格较为昂贵且质量几乎没有竞争力的产品也有销售机会。随着时间的推移，奋起直追的经济体的产品通过仿造提升了质量，所以在得益于继续保持相对较低的工资成本的情形下，至少在国内市场上以及更为落后的邻国具备了持久的竞争力。如此，即可以通过在某些关键行业追赶工业化的步伐来实现自我可持续的增长。

相对落后条件下的工业化

下面的描述将基于这些长波段的工业化模式。它分为三个阶段，取决于不同的经济主导部门：18 世纪 60 年代至 19 世纪 40 年代的棉纺工业阶段（轻工业阶段），19 世纪 30/40 年代至 19 世纪 80 年代的铁路建设阶段（重工业阶段）以及从 19 世纪 80/90 年代至第一次世界大战爆发的电气工业阶段（新工业阶段）。

第二章
工业化的轻工业阶段
（1770—1840）

  19世纪被认为是欧洲相对和平的世纪，但法国大革命战争（1792—1799）和拿破仑战争（1799—1815）于19世纪初的一段时间内阻止了增长动能从英国扩散到其他地区。在（欧洲）大陆封锁的人为守护下，落后的工业行业在（欧洲）大陆甚至经历了一段时间的蓬勃发展，如果没有这种大陆封锁，大陆将面临明显增大的现代化压力。没有这种追赶工业化的压力，到大陆封锁被解除时，英国同欧洲大陆在生产方式——特别是纺织工业的生产方式方面的差距进一步显著拉大。因此，这样的差距几乎难以追赶上。

大陆封锁

  战胜普鲁士后，拿破仑于1806年下令当时主要受法国把控的欧洲大陆对英国实施经济封锁。通过禁止进口英国的工业品和经由英国交易的殖民地商品，以及禁止向英国出口粮食，使法国的主要对手在经济上遭受极大地削弱。然而，这一目标非但未能实现，英国反倒封锁了欧洲大陆沿北海的港口。

对于大陆的手工业经济，特别是纺织工业来说，大陆封锁意味着短暂的喘息，但这并没有用于追赶英国的领先地位。相反，当大陆封锁于1813年被解除后，英国的机器纺纱比大陆以手工驱动为主的纺纱领先优势更大。

因此，欧洲工业化的第一阶段本质上仍然是英国的工业化。然而，在此第一阶段结束时，一些现代的区域增长核心已经在欧洲大陆逐步发展起来。但是，更为重要的是，已然创造了诸多前提条件，使西欧和中欧的大部分地区能够在第二次由重工业决定的工业化周期的上升阶段真正赶上了工业化的潮流。

英国的典范

长期以来，欧洲大陆的许多同时代人认为，他们只需要复制英国模式即能够取得相似的成功。然而，这种从今天的视角看有些幼稚的进步的信念中总是掺杂着几分怀疑。这适用于社会主义者和理论家卡尔·马克思（1818—1883），就像适用于菲尔森纺织品贸易商弗利德里希·迪尔加特 [①] 一样。

> 弗利德里希·迪尔加特（1850年）："机器纺纱注定会在规模化生产中引发一场彻底的革命，这现在是未来仍将是一个公认的事实。和不断增长的机械力量相抗衡是徒劳无功的，别的国家只能够动用自己的武器方才能够对英国构成挑战。"

[①] 弗利德里希·迪尔加特（Friedrich Diergardt，1795—1869），19世纪德国著名实业家和丝绸制造商，早年在圣托尼斯创办天鹅绒工厂，后迁至菲尔森，使该地区成为德国的纺织制造和贸易中心，并对英国和法国品牌构成了强大竞争。——译者注

引自：R. 博赫（R. Boch），《无限增长：莱茵经济市民阶层及其工业化的辩论（1814—1857）》，哥廷根，1991 年，第 156 页。

卡尔·马克思（1867）："问题本身并不在于资本主义生产的自然规律所引起的社会对抗的发展程度的高低。问题在于这些规律本身，在于这些以铁的必然性发生作用并且正在实现的趋势。工业较发达国家向工业较不发达的国家所显示的，正是后者未来的景象。"

卡尔·马克思，《资本论》，第一卷，第一版序言（1867 年），MEW 第 23 卷，第 12 页。

瑞士的工业化道路

然而，现实却是另一番景象。为了能够成功地迈上工业的未来之路，欧洲的落后者必须制定一套适合各自条件的制度安排。瑞士最接近英国的工业化道路，专门为全球市场生产高质量的纺织品和其他产品，而英国的生产商最初则将其忽视了。瑞士之所以能够利用这一狭小的夹缝，是因为该国国土面积小，拥有廉价但高素质的劳动力，鉴于瑞士仍然是劳动密集型的手工业生产主导的发展道路，这样的选择被证明是非常有利的。因此，瑞士提供了出口导向型工业化道路的第一个成功范例。

对于法国、普鲁士或哈布斯堡帝国等较大的经济体来说，这条道路是不可行的。轻工业主导的工业化道路只有通过纺织品的规模化生产方才能够实现，而英国生产商在此方面的优势实在太大，其他国家根本无法在世界市场上与其进行有效的竞争。然而，即使大陆封锁被解除后，仍然可以继续为国内市场生产纺织品。但是，一些成功实现现代化的区域，如西萨克森或德意志的贝尔吉施地区，尚

无法弥补 19 世纪下半叶国内（原始）工业崩溃所带来的
去工业化的影响。

　　因此，对于诸如比利时、法国和德意志关税同盟国家
这样的第一代的落后国家来说，由重工业主导的工业化道路
被证明是成功的。在英国，虽然重工业已经赶上了工业化的
步伐，但首先，拥有煤炭储量是所有被提及的经济体走上重
工业道路的必要先决条件，其次，在铁路时代，英国在煤炭
开采和钢铁工业方面的能力还远没有发展到像大陆封锁被解
除后，纺织工业那般能够以廉价的方式满足大陆的需求。

一、制度性革命

　　历史学家克莱门斯·维舍曼[1]和安妮·尼伯丁在新近
出版的《19 世纪德国经济史导论》中，为德国工业化的历
史提出了一种全新的理论阐释模型。在该部著作中，他们
使用了虽然不算是全新的，但迄今尚未应用于德国工业化
进程的全部范畴的新制度经济学的理论方法。此种可以追
溯到诺贝尔经济学奖获得者道格拉斯·诺斯[2]的诠释方法，
其基本论点是，"它最终并非是亚当·斯密意义上的'市场
的看不见的手'"，而是法律或者由其描绘的制度性规则的
"看得见的手"，帮助工业化实现了关键性突破。为了使市

---

[1]　克莱门斯·维舍曼（Clemens Wischermann，1949—　），德国
历史学家，德国康斯坦茨大学经济史和社会史教授。——译者注

[2]　道格拉斯·诺斯（Douglass Cecil North，1920—2015），美国经
济学家，1993 年诺贝尔经济学奖得主，美国新制度经济学派代表人
物，创立了包括产权理论、国家理论和意识形态理论在内的"制度变
迁理论"。——译者注

场这只"看不见的手"真正发挥作用，必须构建对物（资本和土地）和人（劳动力）的处置权，这将激励经济主体及其制定的优化计量方案增加收益，从而带动投资。此种激励措施是必要的，因为只有放弃直接消费才使得投资成为可能。

市场"看不见的手"

亚当·斯密（1723—1790）在其于 1776 年出版的著作《国富论》中假定每个经济参与者只追求自己的利益。因为"我们每天所需的食物，并非来自屠夫、酿酒师和面包师的恩惠，而是来自他们对自身利益的关心。我们不用向他们祈求怜悯和爱意，只需唤起他们的利己心理就行了。不必向他们诉说我们的需求，只需谈论他们的利益。"

尽管每个参与者只考虑自己的个人利益，但他"在一只看不见的手的引导下，以意想不到的方式实现了目标"：总体利益。因为其结果是，个人的利己主义会带来经济行为更大的效率，从而实现更高水平的富足。

交易成本　　新制度经济学还基于新古典理论作出假设，唯有通过一个充满竞争的市场方才能够实现资源的有效配给。然而，新制度经济学否认市场上交易过程的协调是免费的，并且每个经济主体都拥有如此完整的信息，以至于它可以在客观意义上做出完全理性的决策。相反，在使用市场时会产生交易成本，这极大修订了新古典时期假设的市场和价格机制。具体来说，这些成本包括搜索和信息成本，以及缔约合同的一方未能遵守预期规则时产生的合同成本和执行成本。但是，产生的与组织运用相关的成本，诸如合同成本以及劳动力和质量控制成本，既适用于市场，同样也适用于企业。经济的制度性安排对于有效利用一切资源和使这些成本最小化至关重要。因此，维舍曼和尼伯丁并没有将其《导论》诠释为一部介绍"工业革命"的历史，而是一部有关"制度革命"的历史。这是因为他们对具有某些物理特性的商品不太感兴趣，而对与之相关并通过合同在交易中转移的产权更感兴趣。他们将制度理解为针对一组特定目标的规范体系，其目的是引导个人行为朝着特定方向发展。

这种制度变迁的革命性进程远逊于工业化，相反它延续了数个世纪。道格拉斯·诺斯认为，它起始于西欧的那个制度设置成本低于新兴市场预期收益的时刻。18 世纪，这些最初选择性的制度变革在荷兰和英国最终形成了以个人（而不是公共）的财产支配权为特征的新经济秩序。在诺斯的解释中，这为自我驱动的经济增长创造了制度先决条件，而在英国则被称为"工业革命"。

在 18 世纪的经济和社会秩序的既定条件下，在德国复制英国的道路根本无法想象。农业和贸易仍然显著受到封建经济的束缚，因此首先必须引入制度变革，在此进程中，基于市场经济原则的交易可以取代受等级制度操控的交易。在此方面，尤其值得一提的是，通过废除封建依附关系以及引入行业自由，促进了农业的土地私有制以及在农业经济中对个人的劳动力拥有完全的支配自主权。其次，必须建立一个统一的经济区，使得跨区域间的交易不会因为大量的关税壁垒而变得非必要的昂贵，甚至成为不可能。最后，必须使农业不仅供养不断增长的人口，而且还能够供养不再从事农业生产的那部分劳动力，且它们的比例在不断增高。食品的进口虽然在理论上是可以想象的，然而它是以具备出口其他产品的能力为前提，从而可以为进口食品提供资金。鉴于 19 世纪上半叶并未能形成此种可能

封建经济的束缚

性，所以"工业革命"必须先于"农业革命"。

普鲁士官僚机制的变革

　　在德国经济秩序的制度性安排中的决定性变化，与诺斯对这一创新的成本和预期收益的阐释高度契合。这是因为，在普鲁士改革者的计划考量中，此种成本收益的权衡可以得到清晰的体现。尽管在18世纪晚期，特别是在普鲁士，已经出现了有关缓解封建束缚的（市场）经济发展动能的最初苗头，即便是小心慎微的，但它最终需要几近于一败涂地的军事失利以及由此带来的普鲁士国家联合体的领土割裂方才能够战胜各方阻力。就此点而言，普鲁士于1806年在耶拿和奥尔施泰特战役①中的失利标志着在社会政治领域以及经济政治领域开启了一个崭新的时代。在此之后，普鲁士官僚政治的最高层心如明镜的是，普鲁士国家只有两种选择：要么按照西欧的模式进行经济和社会改革，要么在欧洲的权力游戏中退出。

　　在1807年9月的《里加备忘录》②中，以卡尔·奥古斯特·冯·哈登贝格（Karl August von Hardenberg，1750—1822，1807年4月至6月任普鲁士首相）和卡尔·冯·斯坦因（Karl von und zum Stein，1757—1831，自1804年至1807年6月任普鲁士商务部长）为核心的官僚主义改革派制定了"自上而下的革命"计划，在现今的研究中几乎被一致诠释为"防御性的现代化"计划。

──────────

① 1806年10月，拿破仑一世率领法军与腓特烈·威廉三世的普军在德国萨勒河以西的高原发生激战，法军于6日内瓦解了普鲁士主要作战力量，导致普鲁士退出第四次反法同盟以及《提尔西特条约》的签订，并催生了普鲁士改革运动。——译者注

② 该备忘录的标题为"关于普鲁士国家的重组"，提倡复兴民族精神以与国家和政府合作，并试图定义社会的三个阶级——贵族、中产阶级和农民。——译者注

《关于普鲁士国家重组的备忘录》

G. 温特尔（G. Winter），《斯坦因和哈登贝格领导下的普鲁士国家的重组》，第 1 卷，莱比锡，1931 年，第 305 页。

这些年来发生的这些令我们大为震惊，被我们目光短浅的人视作可怕的罪恶的事件，与睿智的天意所谋划的宏伟的世界计划息息相关。（……）（它的原则是如此效力强大），得到了如此普遍认可和广泛传播，以至于不接受这些原则的国家必定面临要么走向灭亡要么被迫接受命运。（……）一个国家如果能够成功地把握时代的真正精神，并凭借其政府的智慧冷静地融入那一世界进程，而不需要经历剧烈的动荡，那么无疑具有巨大的优势。（……）一场具有积极意义的革命，为了使人类变得高贵的伟大宗旨，凭借政府的智慧而不是借助内部或外部的暴力冲动——这即是我们的目标，我们的指导原则。

1806 年成立的莱茵联邦的情形也与之类似，拿破仑在德国的南部、西部和中部建立了该联邦，作为法国抵御来自东部威胁的缓冲地带。然而，拿破仑的挑战在那里产生了更为直接的影响。由于政治上的自主权有限，"防御性现代化"的计划甚至在理论上没有任何替代方案。除被吞并的莱茵河左岸区域外，法国的法典，即《民法典》虽然只适用于威斯特伐利亚王国①和贝尔格大公国②，但巴登、巴伐利亚附属的普法尔茨和法兰克福大公国也出现了基于法

法国的影响

---

① 1807 年由普鲁士王国割让的领土、马德堡公国、前汉诺威选侯国、不伦瑞克－吕讷堡公国和黑森等选侯国组成的王国，虽然名义上独立，实为法国附属国，并由拿破仑的弟弟热罗姆·波拿巴统治。——译者注

② 1806 年神圣罗马帝国解体后由贝尔格公国、前普鲁士克莱夫公国和其他几个较小的领地合并形成的新国家，实为拿破仑建立的傀儡国，由拿破仑的姐夫约阿希姆·穆拉特统治。——译者注

国立法的变体。唯有在巴伐利亚，旧贵族的反对阻止了法律的全面现代化。

民法典（《拿破仑法典》）

1804 年颁布的《法国民法典》是一个无等级差别国家的第一部民法典。尽管它将在法国大革命中新获得的人身和财产自由权利与家长制的权威原则结合到一起，但这已经具备了资产阶级的本质，而不再是封建贵族的本质。基于其强大的魅力，拿破仑也将他的法典作为法国在欧洲推行霸权政策的同化工具。其结果是，许多邻国被迫采纳《民法典》的重要条款——或者至少声称怀有相应的意图。

如果无视国家之间的差异，特别是在涉及直至 19 世纪中叶个别改革进程的实施情况，（经济）秩序政策的改革措施可概括如下：

——将各种无法统揽的有关统治权、所有权、财产权和使用权的封建诉求转变为资本主义的农业土地所有权；

——确立在农业生产中对个人劳动力不受任何限制的处置自由；

——消除所有工商业领域的公司准入限制；

——通过取消国内关税和贸易壁垒构建统一的单一国民经济区；

——通过将国家的主要税种确定在可控的数量内，对税收制度进行改革和实施标准化，而上述税种应当至少依据基本的平等原则加以征收。

（一）农业改革和农业革命

在土地所有制中，统治的基本架构在整个 18 世纪都得到了维系。数百年来，德国的西部、西北部和南部（"老定居区"①）一直是日耳曼人居住的地方，那里的土地所有制以封建领主土地制为特征，因此打上了农民的烙印。然而，在现代物权法意义上，农民通常不是农场的所有者，而仅仅拥有世袭物权的使用权，并受到封建领主土地所有者最高所有权的制约。作为授予使用权的回报，封建领主土地所有者有权获得税赋和服务，而独立的农民则必须以在不同地区差异很大的方式履行提供服务的义务。如果税收以实物形式缴纳，农户则几乎完全可以实现自给自足。然而，在 18 世纪的大多数情形下，税收是以货币形式缴纳的，而为了获取货币，农民必须同市场建立联系。然而，18 世纪德国南部和西部的农业还不能说是以市场为导向的。市场的产量仍然微不足道，并且往往维系在既定的范畴内。尽管如此，地租通常足以保障贵族封建领主过上与其身份相适的生活。

封建领主土地所有制

在易北河以北和以东的前殖民地区，18 世纪的土地所有制主要以庄园统治为鲜明特征。这是封建领主土地所有制的一种特殊形式，其最重要的特征是将土地统治权、身体统治权和司法统治权这三项主权权利集中于封建领主，即庄园主于一身。与南部和西部的封建领主不同的是，东部的庄园主并非主要依赖那些在其领主统治下耕种

庄园主的统治

---

① 历史上相对较早定居的人口稠密的地区，主要集中在德国和欧洲中部地区。——译者注

土地的农民上缴的货币或实物捐税而生活，而是以庄园主的身份使用其农民的强迫劳动经营由其管理的自营企业（"农庄的旁侧庄园"）。有马队的农民每周必须带着他们的马队在偏远的田地里劳作数日。没有马队的低级农民阶层主要从事收割干草和谷物的体力劳动。通过上述劳动，庄园主几乎不需要自己的劳动力即可维系生活，而农民则必须雇用额外的劳动力。因为即使农户理论上有能力自行经营其农场，但经营自己的农场需要家庭成员的全员劳作，而就在同一时间他们则不得不为庄园主提供强度更大的劳役。

与地主的农场相比，庄园主的农场更加注重市场化的生产。在大陆被封锁之前，东易宾[①]的大企业经由波罗的海沿岸港口什切青、但泽、埃尔宾和柯尼斯堡开展出口贸易，占英国谷物进口量的约 50%。尽管存在各种地区差异，但主要的出口导向不仅适用于粮食生产，还适用于养羊业。然而，正因为如此，大宗商品也更加依赖农业经济趋势的发展。由于劳动力相当于几乎是免费提供的，所以毛利润完全被庄园主所攫取，也正是如此，即使在危机时期也几乎没有任何投资的动力。相反，农民和低等农民阶层的劳役更重了。

农民的法律地位　然而，封建农民的不自由并不仅限于物质上的依赖，农民家庭也更多在个人层面上依赖于地主和庄园主。例如，未经地主同意，个人不得离开农场（"附属于地主的土地"），而他们的子女则被强迫充当仆役，在此方面，在庄

[①] "二战"前位于易北河以东的德意志地区的非正式名称，以其历史悠久的庄园制和农奴制以及政治保守主义以及当地居民主要信奉新教而闻名。——译者注

> 但这些不便总是会被农奴制带来的裨益加以补偿。（……）那些除了生命和自由之外一无所有的人，会因为贫穷而被迫犯下最令人发指的罪恶：没有财产的自由并不总是能够激励美德。（……）说到底，普通民众的下场比野兽好不了太多——后者被锁链锁住，防止它们伤害到路人；但即便如此，当它们咆哮着撕咬锁链时，它们的暴怒也会令人担惊受怕。

大地主，在普鲁士尤其是东易宾的容克，从土地私有化和劳役的废除中获取了最大利益。因为他们要么通过将"农民的土地"转变为自由的农民所有权而获得土地割让的补偿，要么他们被准许获取（特别是在普鲁士的西部省份）可能相当于预期的一年劳动地租约 25 倍的资本收益率，作为解除附着于农民土地之上的劳役义务的回报。通过此种方式，过去的地主数十年来从解除费用中源源不断地获取了资金，并可以动用这些资金改善现有的场地并购买新的场地。受益于这些有利的起始条件，其中包括豁免贵族缴纳于 1810 年引入普鲁士的土地税，资产阶级农业经营者的贵族地产和大地主庄园能够极其迅速地发展成为农业资本主义企业，为数不少的建立了诸如酿酒厂或制糖厂之类的农业副产业。

容克

东易北地区的下层贵族，即容克家族，约占普鲁士人口的 0.3%，即 8.5 万人，大约 2 万个家庭，是最大的德意志贵族组织。就其历史起源而论，容克主要来自乡村贵族，正是如此，大庄园保留了其作为容克的权力和声望的核心基础的重要性，尤其是在对自己地位的自我认知方面。然而，自 18 世纪末资产阶级大农场主侵入贵族封地以来，土地所有权不再足以充当阶级的基础。因此，中央政府以及行政部门、军队和外交部门作为权力堡垒的重要性日益凸显，并且竭尽全力抵御崛起中的资产阶级。与德国南部和西部占优势的天主教贵族相对的是，信奉新教的容克在这一策略上大放异彩。与德国保守党一起，德国东部的贵族甚至拥有自己的普鲁士特权主义和极端新教的政党，而在更加自由的自由保守党中，新教贵族的比例也异乎寻常得高。

除了通过赋予个人在法律意义上的平等地位依法正式废除旧的阶级界限，以及通过取缔上层所有权并将下层所有者转变为新的唯一所有者以废除共享所有权外，将集体所有权的私有化构成了农业改革的第三根支柱。除庄园主的企业外，农民经营体的组织除了与农场主的依附关系外，主要取决于同村社合作社的依附关系。公社财产（或公有权）是村社共同使用的区域。由于这些区域大多为未开垦的草地和森林，所以畜牧业和燃料供应都是基于此种所有制形式。公社财产的使用相当广泛，而村社合作社通常情形下无法作出任何重大投资的决定。对森林的过度开发以及相较于牧场状况过高的牲畜存栏量是大多数村社现状的标志性特征。此外，即使在农业耕种方面，土地地块和使用者之间往往没有明确划分属于地主拥有的田地（"共同体"），这对土地的利用也带来了负面影响。此种混杂的情形使得单个的农民几乎不可能对耕作手艺进行创新。除此之外，没有任何动力提升产量，因为无论如何，大部分额外的收入都会被地主索取。

今天的研究基本上一致认为，废除个人的依附关系以及农村土地和财产的私有化是德国农业生产获得增长的必要先决条件。当中还包括公有权的划分，最先于 1821 年

公社财产

在普鲁士的法律中予以明文确定，不久后还对由不断变迁的使用者劳作的场地进行了划分。由此，农业集约化生产的障碍得以清除。因为从现在起，使用新的田间耕作方式（例如改进的三圃制）或者投资改良迄今为止无法利用的土地以增加其农业的利用面积，对于个体农民来说可能是有利可图的。首先，他不必担心预期的额外收益会被地主榨干；其次，由于赎金有时是通过出售土地予以清算，所以也存在集约化生产的经济强迫性，对农业可用面积的损失进行补偿。

三圃制

早在中世纪，随着定居点人口密度的不断增加，三圃制在欧洲的大部分地区得以推广，这使得土地的利用较迄今为止常见的利用方式（原始的轮作）更具系统性和规律性。根据三圃制的原理，一年休耕的后一年为冬季粮食作物的耕种，再后一年为夏季粮食作物的耕种。在随后的植被期，耕地放任其自由生长。休耕的主要目的是将腐烂过程中释放的植物养分滋养土壤，以便来年可以继续用作耕地，而不会造成任何产量的损失。

18世纪，人们逐渐开始在休耕期间不让土地自由生长（简单的三圃制），而是种植那些不会从土壤中汲取次年恢复粮食种植所必需的养分的叶类经济作物（改良的三圃制）。最初主要为三叶草等饲料，可以使畜牧业的饲养量得以持续提升。由于厩肥产量的增加，畜牧业也更加紧密地融入农业循环经济。除三叶草外，休耕地还种植亚麻、大麻等加工业原料以及卷心菜、豌豆、蚕豆、扁豆等蔬菜。

农业改革的社会效应

农业改革引发的社会效应差异性很大。改革尤其给底层农民阶级带来了毁灭性的影响。公有权和共享资源的分配并非基于"贫困"的社会标准，而是基于以往受益者的农业利用面积的大小。因此，少地或失地的农民在土地的分配中一无所获，同时也不得使用其赖以生存的牧场、沼泽和林地。雪上加霜的是，由于紧急情形下君主的照料义务被废除，许多农村底层人群的处境比改革前更为糟糕，且经济生活较改革前更加缺乏保障。

随着 19 世纪 40 年代土地的划分在普鲁士达到巅峰，社会地位的降级导致了严重的社会紧张局势。尤其是盗伐林木和偷猎行为是底层农民阶级表达社会抗议的特定方式，一方面是被排除于集体利用森林之外的一种生存举措，另一方面也表达了对被剥夺生存基础的抗议。因此，抗议也可能采取极端暴力的形式，特别是当国家试图毫不妥协地推行新的所有权时。这是因为，现代可持续林业经济的预期目标只有通过将几乎所有此前利用林地的被赋权者排除在外才能实现。在 19 世纪下半叶的这场冲突中，不仅导致了盗伐林木者和偷猎者的死亡，还导致了一些代表国家秩序的护林员的死亡。

改革的失意者

另外，从中期看，改革引发的劳动力的闲置构成了产业工人群体形成的前提条件。早在 19 世纪上半叶，农业从业人员的比例即从近三分之二下降到 19 世纪中叶的 55% 左右（指的是后来德意志帝国的区域）。然而，必须考虑到，同期人口从 2300 万增长了约 50%，至 3500 万。

对于他们当中的第一代来说，既无法再以农业为生，也无法通过从事家庭手工业的副业渡过经济难关，而城市也尚未能为其提供新的工作机会。19 世纪下半叶，许多农村底层人士必须为废除其人身依附关系而付出的代价是极其高昂的，不少人最终为"自由"付出了生命的代价。从这一视角看，"农民的解放"也是贵族从对在人身上依附于其他的农民所承担的义务中得到了解放。

长期看，在庄园主统治的土地所有制中，农业改革的得利者是容克和资产阶级大地主。他们更多于1806年之前即已以市场为导向开展经营活动，而如今他们则利用了英国废除《谷物法》给波罗的海地区的谷物生产带来的重要契机。尽管自"农民解放"以来，劳动力不再是"免费"的，但仍然是廉价的，而且基于庄园的非正式形态的封建依附关系仍然维系了数十年。普鲁士的仆役制度于1810年取代了世袭农奴和强迫奴役制度，并一直延续至1918年，但在很大程度上仍然受到等级制度的制约。雇农和女佣只被赋予最低限度的权利，而雇主实际上拥有几乎不受任何限制的处置权，当中还明确包括在遭遇公开抗议时可以实施体罚。

谷物法

英国于1815年征收谷物关税，导致食品价格大幅上涨，对城市底层阶级的打击尤为严重。然而，鉴于无论如何产业工人的工资业已接近物质生存的极限，粮食价格上涨也给企业家带来了劳动力成本上升的负面影响。因此，大多数企业家都是坚定的自由贸易主义者——特别是因为他们几乎无须担心外国商品的竞争。

（19世纪）30年代的选举权改革使得富裕的中产阶级在英国下议院的代表权更加凸显，以至于关税在自由贸易主义者于1846年发起的一场全国性的运动之后被取缔。现在，自由进入英国农产品市场的最大受益者之一是东易宾的（谷物）农业。因此，与英国地主贵族不同的是，东易宾容克是本世纪中叶关税同盟中最为坚定的自由贸易倡导者之一。

在德国的西部、西北部和南部地区，中等规模和大型农场是主要的受益者。对其而言，一方面，以赎买的方式承担负债比较容易承受。在汉诺威王国，改革法案甚至是这样起草的，庄园主资产不得因为土地的转让而受到实质损害，且转让的土地不得超过其拥有的总面积的六分之一。普鲁士的改革力度虽然没有那么大，但其西部省份的中等规模和大型农场通常从公有权的分割中获得的收益大于其赎买的损失。此外，欣欣向荣的农业发展形势也使得许多农业企业在赎买时有能力完全放弃出售土地。

尽管 19 世纪初在大多数德意志国家推行的农业改革 **产量增长**
进展缓慢且地区差异极大，以及 1816/1817 年和 1846/1847 年的数次歉收再一次引发了前工业化范畴的饥荒，但德国农业早在 19 世纪上半叶即已能够实现产量的大幅增长。这既适用于作物种植，也适用于畜牧业。

表 2-1 后来的德意志帝国地区每公顷的产量（千克 / 公顷）

农作物种类	1800 年前后	1850 年前后	1870 年前后
黑麦	900	1070	1270
小麦	1030	1230	1500
大麦	810	1120	1300
燕麦	680	1090	1300
马铃薯	8000		9000

资料来源：阿希莱斯（Achilles），《农业史》，表 20，第 223 页。

除了每公顷平均单产量的增长（参见表 2-1）之外， **作物生产**
种植面积的扩大也是农作物产量增长的原因。据弗利德里希-威廉·亨宁[①]估计，1800—1850年，德国的耕地面积几乎翻了一番，从最初的1300万公顷左右增至2500万公顷。诸多因素促成了这一结果，首先，通过改良土壤，围绕着海洋、湖泊和河流修筑堤坝，排干沼泽或开垦荒原，将不毛之地转变为农业用地。尤其是在德国的东北部，这是决定性的因素。单单在波美拉尼亚，农业用地占全省总面积的比例即从1814/1815年维也纳会议时的15.5%上升至半个世纪后的50%以上。其次，虽然这些土地中只有一部分可以立即用作耕地，但在公用权被分割并被转为私人所有后，大部分新获取的土地都被所有者转化为耕地。总体而言，耕地占农业用地总面积（不含林地）的比重从19世纪初的60%左右上升到19世纪中叶前后的70%以上。最后，耕地的闲置率大幅降低。尽管不同地区的发展境况存在很大差异，但据估计，休耕地占耕地的比例从19世纪初的四分之一左右下降至19世纪中叶大约10%略多一些（参见表2-2）。

谷物　　　鉴于这一时期转化为耕地的土地的平均质量可能较原有的耕地差一些，所以每公顷的平均产量（主要是谷物作物）的增长尤其令人瞩目。它的决定性因素既不是机器的使用，也不是化肥乃至杀虫剂的使用，更多是因为传统农具得到了显著改进：犁能够犁地更深，长柄大镰刀取代了传统的短柄镰刀。此外，工业化的生产使得功效更强大的农具变得更便宜，因此可以相对较快地加以推广。

马铃薯　　　马铃薯的情形有些不同，在整个19世纪上半叶，每

[①] 弗利德里希-威廉·亨宁（Friedrich-Wilhelm Henning，1931—2008），德国经济史和社会史学家，专注研究德国社会经济史，代表作《德国经济和社会史手册》（3卷）。——译者注

公顷的产量几乎没有增长（参见表 2-1）。因此，产量的
提升只能通过增加种植面积来实现。它从 1800 年的约 30
万公顷增至 1850 年的 140 万公顷，几乎占耕地面积的
10%（参见表 2-2）。然而，由于单位面积收获的马铃薯的
热量值是同一面积收获的谷物的 360%，因此主要通过以
牺牲谷物为代价扩大（马铃薯）种植面积的做法——尽管
每公顷单产量停滞不前，也促进了农业总产量的增加。与
谷物相比，马铃薯还有一个优点，即可以在小块土地上高
效种植，在贫瘠的土壤上也能收获较高的产量，这使得它
成为底层阶级基础性食物中最重要的组成部分。1846 年至
1847 年欧洲最后一次大饥荒是由马铃薯枯萎病引发的，而
这绝非巧合。这是因为，马铃薯的歉收破坏了那些即使在
正常情况下也无法通过食用谷物或其他食物满足其热量需
求的群体的食物基础。

表 2-2　19 世纪德国的农作物种植
（在后来的德意志帝国疆域的耕地中的占比）

农作物种类	1800 年前后	1850/1855 年	1900
谷物	61.1%	58.8%	57.6%
荚果	3.9%	3.8%	2.6%
马铃薯	1.5%	9.4%	12.6%
萝卜	?	3.1%	4.7%
饲料作物	4.7%	10.4%	15.6%
其他作物	3.8%	3.2%	1.2%
休耕地	25.0%	11.3%	4.8%

资料来源：阿希莱斯，《农业史》，表 13，第 198 页；表 19，第 216 页。

除马铃薯外，以玉米、向日葵和烟草为代表的其他新
的农作物也于 18 世纪末引入欧洲。包括三叶草在内的叶

类作物对农业增产尤为重要，而其产量的增加是实施改良的三圃制的重要指标。

畜牧业经济　　　尽管在 19 世纪上半叶，牧场因转化为耕地使其面积在农业用地总面积中的比例有所下降，但在此期间畜禽产量也得以显著增长。从世纪之交开始，牲畜仅仅用于自给自足和生产粪便的现象越来越罕见，而是一些小规模的农场也开始为市场开展生产活动。

类似于作物种植的每公顷产量，牛和猪的平均屠宰重量、奶牛的平均产奶量以及绵羊的平均羊毛产量都显著增加。与此同时，肉类生产的完成周期也显著缩短。其原因在于战后德国也开始推行有计划的动物饲养以及与动物饲料种植相关的圈养取得了巨大成功。

19 世纪下半叶，农业革命对于普鲁士的贸易平衡也至关重要。在关税同盟成立之前及其成立的早期，在铁路彻底改变内陆的长途货运之前，与英国的对外贸易似乎在生产粮食的德国东部地区和工业更为发达的西部地区之间发挥着中介的作用。因为英国主要通过海运从东易宾进口粮食，而西部地区则从英国进口半成品进行深加工。德国西部的制成品由于价值高于德国东部的廉价散装货物，因此在运输上更为有利可图，并最终反向销售到东易宾，最从而完成了东易宾－英国－西部地区的三角贸易。

（二）行会制度的废除

营业的自由　　　就计划而言，将工商业从行会制度的封建束缚中解放出来的激进程度并不逊于农业改革。然而，在效果和影响上，营业的自由在最初阶段是无法与农业改革相比拟的。在普鲁士，1810 年 10 月 28 日颁布的《营业税敕令》和

1811 年 9 月 7 日颁布的《营业治安敕令》为经济制度奠定了法律基础，而该项制度应以营业自由为标志进行彻底的重塑。成年人可以通过购买国家营业许可证从事任何行业。行会制度和行会的强制性被彻底废除。由于从行会中退出或与其保持距离系个人的自由决定，行会同时失去了其作为强制性法人的公法特质，并被降格为私人的协会。

行会

行会是由（通常情形下）手工业者组成的常设社团组织，肩负着法律、经济和社会任务。行会制度的起源可以追溯至中世纪盛期，并在整个近世直至 19 世纪初期保留了其典型的形式。近世的行会制度对原材料的交付和分配、销量、工资和价格以及就业人数都做出了规定。这在很大程度上消除了行会手工业者之间的竞争。为了保护自己免受外国、非行会手工业者的竞争，从事某一种手工业类别与在相应行会中的成员资格挂起钩来。一方面通过强制加入行会，另一方面通过避免竞争，旨在以稳定的收入（"公平生计"）确保行会会员过上体面的生活，并为消费者提供稳定的性价比保障。

与此同时，迄今为止颁发官方许可证的做法也终结了。虽然部分行业仍然需要许可证，但它不再与重商主义倡导的通过国家对经济的操控需求促进经济发展所独有的特权联系在一起。自改革以来，除了依据 1843 年颁布的《普鲁士股份法》对股份公司授予许可证外，许可证制度仅具有保障营业安全的性质，以避免个人或公众的危险。

1808 年以来普鲁士各省的营业指南

1808 年所有省级政府的营业指南（1808 年 12 月 26 日颁发），

引自：魏舍曼、尼伯丁（Wischermann/Nieberding）著，《革命》，第63页。

　　然而，从现在起，无论何种情形，政府都不得颁发具有某种效力的营业许可证和授权证，以杜绝基于此类证书建立的专有权或者甚至是强制权和禁令权。从现在起，无论如何都不应再授予禁令权，并且也应尽量避免授予专有权，最多只能对新生出的一种行业进行尝试，且只能限定于一定的年限，以判断是否具有前景。此外，为此每一次还需获得上级部门的批准。

阻力　　德意志所有邦国对工商业改革的抵制都很激烈，特别是老朽的城市市民阶级在此方面冲在了前面。改革者只得到了不隶属于行会的自由工匠、没有行会隶属关系的农业企业和大手工业者的支持。另外，绝大多数手工业行会担心改革者会让无节制的竞争取代"公平生计"，从而导致"古老的手工业"作为一种经营方式和生存方式的衰落。普鲁士东部省份的经历也趋势性地证实了此种担忧。

　　在德国南部，对引入营业自由的反抗更为成功。小资产阶级商人成功抵制了国家官僚机构关于减轻行会义务和通过国家特许权促进创办手工业企业的企图。尽管颁布了一些改革敕令，但手工业中根深蒂固的行会制度在任何地方都无法从根本上被撼动。在德国南部以及普鲁士的大部分地区，唯一能够做到的是通过改革法令，使得具有和没有行会隶属关系的手工业长期并存的状况得以合法化。然而，从长远看，只有通过恢复古老的行会制度才能阻止主要以市场为导向的自由工商业经济的推进，有鉴于此，通过明确放弃此种恢复，营业立法至少间接为后来工商业生产的工业化创造了重要前提。然而，萨克森王国的实践表明，即使是对工商业改革的此般谨慎的评价也容易遭受指责。虽然强制性行会的正式效力在萨克森的西部地区一直延续至 1861 年，但另一方面，那里并未受到限制性营业法规的影响，进而发展成为纺织业的早期工业中心。

现代企业的诞生

　　不受行会制度约束的企业家通常是其公司的所有者和负责人，按照今天的标准，该企业可以被描述为小型企业，或者充其量为中等规模企业。然而，公司规模越大和越复杂，传统的合伙公司的形式即越发力不从心。因此，最晚随着铁路的建设，有必要为联合经营的商业企业建立一个总体的制度性框架。1843 年的《普鲁士股份法》即创建了一个这样的框架。尽管它最初只是对设立股份公司时迄今尚未充分加以确定的法律问题进行了规范，但自 19 世纪中叶以来，股份公司已发展成为 19 世纪德国工商业经济领域或许是最重要的制度创新。受益于有限的责任，它从最广泛的方方面面吸引了资本，从中期看，也为现代经理人公司治理模式下的所有权与企业管理权的分离创造了条件。

股份公司

　　股份公司是大型企业的一种组织形式。股份公司的股本被划分为份额（"股份"）。份额持有人（"股东"）有权分享利润（"股息"），并仅以其出资额为限承担相应的责任。他们对公司管理层的影响通常仅限于股东大会上的选举权、表决权和知情权。股份公司由管理层管理，管理层通常由聘用的经理组成。他们的行为受到监事会（19 世纪中叶通常称为管理委员会）的监视，该监事会通常由大股东、主要债权人和业务合作伙伴组成。

首家股份公司成立于荷兰。18 世纪的普鲁士殖民公司很可能被视为德国最早的股份公司。但是，在德意志最重要的股票交易所，即法兰克福和维也纳，1820 年方才开展股票交易活动。自 19 世纪 30 年代末起，随着私人对铁路建设资助的兴起，股份公司的商业模式在普鲁士变得更加普遍。1843 年的《普鲁士股份法》为成立此类公司提供了便利，但直至 1870 年以前仍然受到国家特许经营权的约束，而该项权利并非总是能够获得批准。即便如此，除了铁路公司外，19 世纪六七十年代还出现了不计其数的工业股份公司，特别是资本密集型的重工业。在此期间，普鲁士国家仅仅对颁发股份制银行营业许可证予以极其严格的审查。

（三）一个统一的经济区的建立

当古老的帝国于 1806 年解体后，由 39 个——后来是 41 个主权国家和城邦组成的德意志邦联自 1815 年起即以一个国家邦联体的形式存在。除德国的外部和内部安全外，邦联政府不担负任何管辖权。在此方面，所有权力都掌握在各个国家手中，尤其是两个最大的国家奥地利和普鲁士。

维也纳会议关于德国领土的重置导致普鲁士国家领土的大幅扩张，但它的领地却被分割成两个互不相连的部分。西部地区，即莱茵兰省和威斯特伐利亚省，同普鲁士的核心领地在空间上被汉诺威王国和黑森选侯国分隔开来。

然而，在解决这两块国土的连接问题之前，普鲁士国家必须首先致力于在经历大规模领土扩张之后，为这个拥有1000万居民和5000平方英里① 面积的君主国构建统一的行政基础。在收获巨大领土增益后，普鲁士国家的铸币、海关和税收政策的形势显得比以往更加混乱。单单在易北河以东老的普鲁士省份，1817年仍有57种不同的关税和交通税。流通中的硬币数量根本无从估量。

1818年的《关税法》和1821年的《铸币法》开始着手解决上述问题。然而，普鲁士人可以向榜样们取经，尤其是在重新设置关税制度方面。莱茵联邦时期，巴伐利亚是第一个改革关税制度的德意志国家，并以此种方式创建了统一的内部经济区，自1807年以来一度被视为欧洲最自由的区域。1818年，普鲁士国家效仿了这一做法，下令废除该国境内的所有关税壁垒。于是在国内市场上首次实现了货物的自由流通。在对外方面，借助《关税法》引入了基于自由贸易原则的**边境关税制度**，这与大多数欧洲列强实施的包含保护性重关税和进出口禁令的禁止性制度形成了鲜明对比。废除内部关税的同时还加大了交通基础设施的扩建，旨在通过高效的人工道路（"公路"）将普鲁士的所有省份与柏林相连接。

普鲁士
《海关法》
（1818年）

内部市场的
解放

边境关税

莱茵联邦的成员国巴伐利亚（1807年）、符腾堡（1808年）、贝尔格（1808年）和巴登（1812年）业已颁布了新的关税法规，由此清除了所有内部的贸易壁垒，从而有利于统

---

① 1平方英里 =2.59平方千米。此数据有误，1814年普鲁士面积为10.9万平方英里，人口1000万，1815年维也纳会议之后，普鲁士获得新的土地和人口，面积为19.9万平方英里，人口为1700万。——译者注

一的边境关税制度。与此同时，海关主权完全移交给国家。边境关税制度便利了关税政策工具的使用，也使得对外贸易统计首次成为可能。对于贸易而言，在一个范围更广的经济区域内执行明确和统一的关税制度是一个不容小觑的优势。

边境关税遵循的原则后来对德意志各邦联国的关税政策的合并作出了重大贡献，在这当中，财政动机发挥了关键作用。这是因为，它与同第三国接壤的边境进口关税收入几乎相等，因而可以节省共同边境上的海关管理和边境监控的费用。当这部分收入被分配给各邦联国时，即找到了一把让犹豫不决的弱小的邦联国妥协的钥匙。

国库的威胁　　然而，这一为国家筹资的基础政策的前提条件是建立在增加税收收入基础之上的一种有序的财政经济。在此方面，关税法规也十分重要。经过漫长而代价昂贵的战争岁月，普鲁士的国家财政最初处于极其困难的境地，特别是由于普鲁士贵族的抵制，征收新税的尝试基本上流产了。因此，至1818年，国家债务已攀升至2.17亿塔勒①，只有依靠伦敦的借贷方才能够避免国家破产的威胁。为了重新构建遭受重创的国家信用和预算平衡，迅速获得新的、有保障的收入来源成为普鲁士财政政策的首要任务。而来自关税的收入则发挥了重要作用。

《关税法》的第二个目的旨在增收间接税，并且主要通过对殖民地货物征收相对较高的税收迅速实现了这一目标。1819年，几乎完全出于国库的需求而对咖啡、烟草、糖和酒精饮料征收的关税约占所有进口关税收入的70%。这意味着对工商业发展具有关键意义的重要原材料只需承

---

① 至18世纪在德意志各国通用的银币。——译者注

受很少的关税负担即可进口到国内。与此同时，外国的主要是英国的制成品不仅可以进口，而且低关税的负荷使其进口的价格仅略微上幅，从而对在技术和经济上处于落后地位的普鲁士的制造商施加了巨大压力。

一方面，这些自由的关税税则带来的经济和政治上的后果最初对一些以纺织工业为主的地区产生了毁灭性影响，因为英国的纺织品如今也在普鲁士的国内市场上取代了本国以传统方式生产的纺织品。但另一方面，国家财政的关税条款所带来的立即可以感知的积极影响为财政特许权奠定了基础，这也调动了其他德意志国家后来加入普鲁士海关制度的积极性。

如在欧洲作一比较，普鲁士新的关税税则可能显得宽松，但对于依赖向幅员辽阔、人口众多的普鲁士销售其产品的体量较小的德意志邻邦来说，这些税则产生了极大的压迫性后果。与普鲁士直接接壤的地区遭受的打击尤其沉重，在引入边境关税制度之前，其中许多地区与邻近地区的贸易关系几乎没有任何阻碍，而如今则必须克服新的贸易壁垒。普鲁士征收的价格不菲的过境关税，特别是极度严格的边境管制，进一步大大加剧了由此带来的负面后果。

出于经济原因，许多邻邦有必要同普鲁士达成关税协定，这将为向普鲁士出口或经由普鲁士过境，例如运送到德国海港提供便利。普鲁士政府从以下方面受益：较小的邻邦尚未从战争的财政负担中恢复过来，而德意志第三大邦国（仅次于奥地利和普鲁士）巴伐利亚王国同样也面临国土之间不连通的问题。莱茵河右岸的巴伐利亚与莱茵河左岸的普法尔茨被一条由巴登大公国和黑森大公国连成的走廊分隔开来。因此，巴伐利亚也对关税同盟计划表现出

对邻邦的影响

关于统一的德意志经济区的想象

兴趣。

德意志邦联对于克服德国经济的四分五裂没有任何帮助。正如雷姆沙伊德大商人约翰·戈特利布·迪德里希斯[①]于 1814 年一针见血地指出，尽管解放战争[②]结束后，人们的期望值很高，但维也纳会议在此方面令人失望透顶。虽然关于经济问题的谈判业已启动，但 1815 年取得的唯一具体成果即是臣民相对自由的迁徙以及不以国籍为前提获取土地的自由。所有其他问题，诸如共同的货币体系以及共同的关税和交通政策，都被搁置起来，后来也未再予以认真地处置。

约翰·戈特利布·迪德里希斯对自由化的憧憬（1814 年）

引自：伯赫（Boch）著，《增长》，第 55 页。

英国强大的工业拥有一个强大的对手，即德意志诸国、特别是贝尔格的工业，（……）并希望将它们从所有市场上驱逐出去。（……）单是在弱小的贝尔格公国，我们就造就了另一个伯明翰、谢菲尔德、曼彻斯特和利兹，即便它并非所有地方都发展得那么好，但此种发展的力量深藏其中。一个强大的摄政王，或者说德意志的摄政王们，唯有对其加以珍惜、呵护（……），才会惊叹这个庞然大物的力量和功效。

---

① 约翰·戈特利布·迪德里希斯（Johann Gottlieb Diederichs，1771—1825 年），德国商人、船东，是第一家向北美英国殖民地出口比利时钢铁产品的德国公司，并在美国独立战争期间和之后取得了出色的业绩，至 1790 年已拥有 15 艘贸易商船，并在美国开设多家分支机构。——译者注

② 即德意志解放战争，该战争是第六次反法同盟战争在德意志战场上的战斗，其中以莱比锡战役最具决定性意义，并成为普鲁士人民的重要民族记忆。——译者注

然而，德意志南部诸国作为一方，以及普鲁士与其德意志北部和中部的邻国为另一方，它们之间关于取消关税边界的单独谈判同样也被证明是艰难的。就德意志南部各州而言，达成协议的主要障碍是关于领土的意见分歧以及对未来关税税则结构的迥然不同的观念。一方面，巴伐利亚和符腾堡为保护其纺织业而反对基于普鲁士模式的相对宽松的关税税则，但另一方面，（商品）过境的巴登则支持较普鲁士更为自由的关税税则。因此，显而易见的是，巴伐利亚和符腾堡于 1828 年最先联合组成了关税同盟。

区域性关税同盟的建立

德意志北部和中部的利益情形有些不同。虽然那里并不担心自由的关税税则，而且就萨克森而言也几乎无须对此忧心忡忡，但这里更普遍的情形是弱小的国家对看上去占据压倒性地位的普鲁士在政治上抱有的不信任，而这阻碍了各方达成共识。然而，对普鲁士的共同反对不足以支撑在德意志中部成立一个有持久生命力的关税同盟。在奥地利的强力支持下，萨克森、图林根、黑森、拿骚、法兰克福以及包括汉诺威在内的一些德意志北部诸国于 1828 年成立了德意志中部地区贸易协会，但只存在了很短的时间。

最终，普鲁士打消了此种不信任，其方式为向其未来的合作伙伴提供有关关税收入分配的极其有利的条件，使得后者面对其持续不稳定的财政预算状况而无法再拒绝加入由普鲁士主导的德意志关税同盟。除上述条件外，特别顽固的图林根国也被一个连接图林根与巴伐利亚州以及普鲁士萨克森省的庞大的公路建设项目所吸引。当汉诺威于 1854 年加入德意志关税同盟后，除奥地利、梅克伦堡和波美拉尼亚以及汉萨同盟城市吕贝克、不来梅和汉堡外，德

德意志关税同盟的成立（1834 年）

意志国家的所有成员均为关税同盟的成员。

建立统一经济区的另一个障碍是混乱的货币状况，特别是仍在流通的数不胜数的硬币，其（金属）价值往往是未知的，而且经常是不确定的。早在 1815 年，消除此种混乱即已被视作德意志邦联经济政策方面的核心任务。但邦联也无法胜任此项任务，因此各个邦国很早即提前着手铸造自己的货币。得益于英国的支持，汉诺威于 1817 年率先走出这一步，普鲁士于 1821 年紧随其后。但由于领土关系的四分五裂以及兼并，这项任务的实施尤为艰难。尽管通过《铸币法》引入了一种统一的银币——塔勒，一塔勒相当于 30 格罗申银币，一格罗申相当于 12 芬尼，并且还限制使用低面值的辅币。但这种新的统一结算货币还需要十年的时间方才能够在全国各地得到全面推行。特别是在被吞并的地区以及扩张后的普鲁士的周边地区、莱茵兰、萨克森省和西波美拉尼亚，民众对接受新的货币勉为其难，因为对他们来说，与邻国——在那里流通的是另一种结算货币——的经济关系仍然比与普鲁士其他诸省的关系更为重要。

财政、商务和内政国务委员会关于"铸币业"的专业意见（1818 年 4 月 7 日）

弗利德里希·冯·施罗特（Friedrich von Schrötter）编著，《1806—1873 年普鲁士的铸币改革》（铸币史部分，第二卷），柏林，1926 年，第 337 页及以后。

旧的辅助型硬币（低面值的硬币）是一种极度不方便的硬币。就整个支付而言，因为经常性的伪造，且这种伪造十分容易，因而辅币必须包裹在密封的钱袋和口袋中，致使流通起

> 来十分困难，而计数则繁琐不堪。(……) 因此，在普鲁士旧有的省份的所有地区都不得不实行使用流通货币（成色十足的硬币）和辅币的双重结算方式。
>
> (……) 除了上述困难外，(……) 新攫取的领土特殊且迥然有异的情形更加剧了难度。只有成色十足的传统货币塔勒（具有条约约定的金属含量的流通硬币）已经基本上在萨克森和整个德国的流通中消失，而那些应当采用所谓传统面值的硬币种类则要糟糕得多。(……) 莱茵诸省实际上并没有固定的支付手段。(……)
>
> 上述情况使得萨克森以及特别是莱茵诸省迫切需要创建一种固定的本国货币，以取代变来变去的外邦国支付手段。

关税同盟成立后，众多不同铸币标准 [①] 的硬币仍在德国流通。当时的人们正确地认为，如同边境关税，此种情形对于德国国内贸易的发展构成了严重阻碍。因此，《关税同盟条约》明文规定成员国应统一它们的铸币制度。与德意志邦联不同的是，此项任务实际上立即得到了落实。

由于普鲁士《铸币法》的积极影响，至 19 世纪 30 年代中期，整个德意志北部的货币状况有所改善。因此，该问题在德意志南部即显得尤为紧迫。早在 1837 年，德意志南部诸邦即就创立统一的古尔登币（《慕尼黑铸币公约》）达成共识。一年后订立了《德累斯顿铸币公约》，其中确定每个关税同盟国家都必须在德意志南部的古尔登币或德意志北部（即普鲁士）的塔勒币之间作出抉择。这两种货币都是白银货币，彼此之间具有固定的汇率关系。由此在

《铸币公约》

---

① 该标准确定从指定单位重量的贵金属中可以铸出多少枚特定类型的硬币，即决定了硬币的成色。——译者注

关税同盟层面创建了新的货币体系，从而有效降低了德意志内部贸易的汇率风险。大约 20 年后，甚至连奥地利也最终加入了关税同盟的货币政策。然而，1857 年的《维也纳铸币公约》并不具有实际意义，因为未及十年之后，随着德意志邦联的解体，奥地利即被排除在"德国"之外，因而不再具备履行其承诺的义务的能力。

标准银

当一个货币垄断区域的货币单位以固定数量的白银定义时，此即为白银货币。另外，如果有多个国家接受此种白银货币，并且不为白银的进出口设置障碍，方才能够将其称为一种国际货币体系，即银本位制。由此即在货币之间建立了固定的汇率关系，而贸易因为汇率风险的消除而变得更加容易。

二、区域现代工业发展的最初萌芽

德国最早的工业区域仍然以轻工业为主要特征，是早期现代工商业传统高度发达的地区。在古老的帝国即有大量前工业化时期高度发达的工商业区域，但当中只有极少数成功跨入工业时代。特别是在受到行会保护的城市经济之外，一种生产方式是传统的，但在分配方式上是现代的"家庭工业"于 18 世纪在乡村发展起来。

"家庭工业"，原始工业

"家庭工业"在较早期的德国经济历史文献中业已成为一个中心议题。然而，自 20 世纪 60 年代以来，人们开始将经济史研究与历史人口研究结合起来，从（工厂）工业化的

视角将农村的手工业（主要是纺织）视作"原始工业"重新
予以评价。尽管今天的研究基本上一致认为，关于原始工业
是实施工厂工业化生产的必要条件（倘若不是充分条件的话）
的论点不再立得住脚，但受益于国际上的广泛辩论，研究的
重心被再度引回到有关在工厂工业化进程中践行的资本主义
生产方式的漫长的史前史。

　　在古老帝国的大部分地区，农村人口于 18 世纪得到快
速增长，特别是依赖副业谋生、少地或失地的家庭提供了巨
大的潜在劳动力，促使众多商业资本投资商将商品的生产转
移到农村，从而搬迁到手工业行会管辖范围之外。至 18 世纪
末，特别是在西里西亚、威斯特伐利亚、勃兰登堡和莱茵兰，
以市场为导向的"家庭工业"业已发展起来，而其销售区域
往往远远超出原产地。家庭工人通常在法律意义上是独立的。
他们的生计部分依赖农业，部分通过向投资商销售原始工业
产品（主要是季节性产品）或者将这些产品换取计件工资。

　　家庭手工业的兴起创造了大量新的就业机会，使得在
乡村从事手工业的人们能够组建家庭。然而，这些新的就
业岗位在经济上极其脆弱。因此，作为生产共同体的家庭
的建立往往恰恰是承担原始工业生产的先决条件。这是因
为，包括儿童在内的所有家庭成员都参与到家庭作业。结
婚年龄偏低，而出生率则远远超出其他农村人口。

　　当 19 世纪下半叶仍属于原始工业的纺织品生产无力
应对机器生产的竞争，而铁路甚至将优质廉价的产品运送
到原始工业的中心时，德国这些区域的大部分在经济上陷
入了崩溃。

　　在这个对工业化历史极为重要的问题上，即缘何一
些以纺织工业著称的地区实现了从原始工业生产到工厂
工业生产的转变，而大多数地区却没有实现转变，或者

是带有高昂的社会成本的延迟，历史学家赫伯特·基什（Herbert Kisch）于20世纪50年代即开辟了新的研究领域，即专注于空间结构化的进程，并在区域间的比较中进行分析。他比较了莱茵兰和西里西亚纺织业对各自地区工业化的贡献，着重强调社会框架条件对于各自地区经济成功发展的突出重要性。在西里西亚的案例中，他将对纺织品工业的长期扩张形成阻碍的因素归咎于家庭工业被纳入封建土地所有制；而在莱茵兰，他认为此类抑制增长因素的缺失是实现生机勃勃的市场经济增长的先决条件。尽管这两个区域都依赖相同的产业类别，因而遵循相似的工业化类型，但这两个区域的成功显然有很大不同。

山地地区　　山地地区①（更准确地说：由埃尔伯菲尔德②、伦内普③和索林根组成的城市三角区）以及萨克森的西部（更准确地说：茨维考行政区）属于最古老的、基于发达的前工业化手工业传统的工业区。19世纪初，许多同时代的人认为他们可以在那里向新时代的领跑人学习。因此，埃尔伯菲尔德和开姆尼茨各自的纺织工业中心也常常被称为"德国的曼彻斯特"。一些企业家对其效仿英国的模式所取得的成就引以为豪，将其企业命名为"伯明翰""谢菲尔德"或"克罗姆福德"。

场地条件　　1800年前后，山地地区的贸易和手工业呈现出一派欣欣向荣的景象，这是18世纪从事生产和销售的区域组织越来越分化的结果。在此期间，人口增长和小农经济的

---

① 即连接北部的鲁尔区、西部的莱茵兰以及东部和南部低矮山脉之间的过渡地带，以工业城市和田园风光著称。——译者注

② 伍珀塔尔市的一部分。——译者注

③ 鲁尔区城市雷姆沙伊德的一部分。——译者注

结构迫使不计其数的农户家庭从事更多的手工业副业。尽管由于土壤质量的原因，农业的场地条件原本已极其不利，该地区却为贸易和手工业的发展带来了一些天然的、有利的环境条件：该国富足的木材为木炭生产提供了基础，充裕的溪流为炼铁厂和锻造厂的运营提供了水力的先决条件。此外，伍珀河畔泥泞不堪、土壤贫瘠的山谷草甸为纱线的漂白提供了可能。与能源基础形成鲜明反差的是，该地区无法获得手工业活动所需的原材料——生铁和生纱，它们必须从邻近地区输入。生纱可以从明登－拉文斯贝格[1]获取，后来也可以从希尔德斯海姆地区获取，棉花可以经由莱茵河从海外获取，而铁矿石和生铁则可以从西格兰德[2]获取。

18世纪，山地地区的产品种类包括小型铁制产品，特别是刀片、镰刀和工具，以及纺织品，从纱线加工（漂白和染色）到窄幅和宽幅织造。鉴于这些工商业活动中的几乎所有产品都是为跨区域的需求而很早生产出来的，且必须组织好原材料的采购，因而产生了与该地区以外的销售市场实现最优化联系的问题。最终，经销商制度在钢铁行业和纺织品行业中成为销售组织的主导形式。因为18世纪行会在该地区所扮演的角色还微不足道，因此不再有机会对在跨区域的竞争中发展起来的、以市场为导向的生产加以束缚。

产品种类

富有成效的行业扩张导致对工人的需求增加，而这只

---

① 位于威斯特伐利亚的东北部，1719—1807年是普鲁士的一个行政单位，包括明登公国和拉文斯堡伯爵领地。——译者注

② 该地区早在古罗马时代即已开始开采铁矿石，12世纪起发展成为欧洲最重要的矿区之一。——译者注

能通过移民予以满足。由此，伍珀河沿岸的两座城市埃尔伯菲尔德和巴门的人口于 1700—1800 年增长了 6 倍，从 5500 人左右增至 32000 人左右。与此同时，区域间的分工得到发展，杜塞尔多夫和奥普拉登[①]之间的莱茵河谷低地担负着为伍珀河沿岸人口稠密的工商业区提供农业供给的功能，仅靠山地地区的农业已无法给予保障。

法国占领的影响　　尽管通过实施《拿破仑法典》实现了贸易自由和法律的统一，但法国占领时期以及紧随其后的战后岁月对伍珀河谷的经济形成了沉重负担。这是因为，虽然在战争期间工商业的原材料供应以及一些重要销售市场被阻断，但在大陆封锁被解除后，伍珀河谷发现在重新开放的国际市场上面对来自一个更大数量、最低价格、质量更优的英国商品供给的竞争。然而，伍珀河谷的制造商们勇于直面这些挑战，并试图通过在技术和组织方面进行投资、开拓新的市场以及在一定程度上实施专业化重新赢得竞争力。这主要是通过纺织业实现的，而当时英国的纺织业还没有像纺纱业那样高度工业化。值得注意的是，19 世纪 40 年代末在伍珀河谷安装的 20 台总功率接近 200 马力的蒸汽机中，只有两台用于纺纱厂。

棉织业成功的一个主要原因是自 1821 年以来半机械化织机的快速普及。为了救助陷于困境的山地经济，普鲁士政府采购了此种易于复制的织机模型，并将其提供给伍珀河谷的制造商们使用。事实证明，这一经济促进举措取得了圆满成功。自 19 世纪中叶起，"巴门[②]商品"（综纱、

---

① 德国北莱茵－威斯特伐利亚的勒沃库森市的一个城区。——译者注
② 即今天的伍珀塔尔市的东区，旧属普鲁士莱茵省，19 世纪即为纺织工业中心。——译者注

丝绳、花边、丝带、棉带和橡皮带）在国际市场上成为热销品。在漂白和染色领域，土耳其红①染厂尤其具有竞争力。19 世纪 40 年代，这些手工小作坊发展成为中型和大型企业。因此，土耳其红染工是现代意义上德国西部地区最早的产业工人之一。

在经营成功的纺织企业以及纺织精练企业的推动下，作为供应商的其他现代工业也在该地区发展起来：化学工业提供漂白剂、染料和肥皂，纽扣公司专注于生产木制或金属纽扣，特别是后者甚至产生了建造小型轧钢车间的想法。自 19 世纪 30 年代中期以来，在机械制造中，纺织机械的制造占据的分量越来越重要。在此之前，所有重要的机械装备都是从国外采购，尤其是从英国和法国。

随着工业生产的扩大，伍珀河谷各地之间的分工也进一步细化：巴门成为工业中心，拥有以工厂模式经营的织布厂和纱线精练厂。另一方面，埃尔伯菲尔德成为商业和贸易中心，众多金属制品工厂也落户于此。成立于 1783 年的"克罗姆福德"棉纺厂是拉廷根②为数不多的现代化棉纺厂之一，织布厂则位于贝恩堡③。荣斯多夫④专注于仍然在很大程度上被手工业作坊垄断的织带生产，而克罗伦

区域分工

---

① 土耳其红最早源于地中海东部地区的印染工艺，即用茜草丝染成鲜艳的红色，19 世纪盛行于英国、德国等地。——译者注

② 位于德国鲁尔工业区，1276 年建市，以环境优美著称，被称为鲁尔工业区的"绿肺"。——译者注

③ 位于伍珀河畔的历史古城，1303 年首次见于史料，今为伍珀塔尔市的一个城区。——译者注

④ 历史古城，1494 年首次被文献提及，今为伍珀塔尔市的一个城区。——译者注

伯格 ① 则专注于同样也是以手工作坊为主的小型铁制品的生产。

城镇化　　工厂在伍珀河谷的出现对周边城市及当地的生活状况并非没有影响。从 1810 至 1840 年的短短 30 年间，两座最大城市的人口翻了一番，从 19000 人左右（埃尔伯菲尔德）和 16000 人（巴门）分别增至近 40000 人和 31000 人。就当时情形而言，这样的增长是巨大的，其中一半以上归因于移民。然而，人口的增长最初并没有导致城市的扩张。相反，定居点区域变得更加密集，建筑空地都被填满，新的大型住宅取代了老旧的住所，避免全体家庭成员搬进地窖和后屋。

"内部"的城市扩张导致了对原有居住环境完全放任自流的破坏，这尤其影响到城市的底层和中间阶层。工业利用城市的闲置空间建造了厂房，并挤占了花园和用于漂晒的草地，使得现有的工作和生活区域变得越来越密集。与此同时，自 1820 年起安装的蒸汽机产生了大量噪声和烟雾，纺织工业用于漂白和染色的废水与人类的排泄物一同流入伍珀河，这些都加剧了环境的污染。因为伍珀河岸的过滤在以家庭打井的方式汲取饮用水的过程中仍然发挥了重要作用，所以该河流亦成为流行病的首要来源，尤其是在干旱时期。当发生洪涝灾害时，河流还将病原体和垃圾运送到地势较低的居民区的街道上和地窖中。

---

① 历史古城，11 世纪首次被文献提及，今为伍珀塔尔市的一个城区。——译者注

> **19 世纪中叶"内部"的城市扩张引发的社会后果，引自沃温克尔的报告**
>
> 戈勒（P. Göhre）主编，《一名工人的回忆录》，莱比锡，1904 年，第 197 页。
>
> 随着时间的推移，我不再喜欢我的宿舍了，因为我的房东在这个夏天又接纳了两个寄宿者。起初我独自在一张床上睡了很长一段时间，后来我们 3 个大老爷们不得不一起挤在同一个屋檐之下的一张大床上，并且有时还会有一个学徒加入进来。当你不得不上床休息时，炎热会令你畏惧到睡不好觉。（……）清晨，当你可以大汗淋漓地起床时，你会感到很开心。（……）我离开家以后并不习惯这里的条件，因为无论生活有时有多么凄惨，但我的母亲一直都有那么多张床，让我们总是能够独自睡觉。（……）因此，我决定中止在沃温克尔的生活，动身前往埃弗尔，我宁愿再建造一座小棚屋并在那里居住，也不愿睡在这样的地方。

当权者将市内工厂数量的增长视为工商业发达和欣欣向荣的佐证，而这些恰恰是以其带来的社会恶果为代价的。尽管自 19 世纪 40 年代起，当局出于人口稠密地区存在火灾和瘟疫的隐患而开始关心那里的状况，但只在极端情形下进行干预。此外，来自城市上层社会的中转商人和工厂为了给自己解决上述问题而定居在绿油油的郊区，以此逃避日益严重的环境污染。

18 世纪，萨克森的棉纺织工商业也高度发达。即使在那个时候，生产的重心已坐落于该地区的西部，即萨克森的沃格特兰。据估计，19 世纪 80 年代初，有超过 25000人从事手工纺纱劳作，其中绝大多数都在农村，且几乎都为副业。与英国相似的是，萨克森纺纱厂的机械化也是归

西萨克森

因于纱线的短缺所引发的织布机的一些技术改进。早在 19 世纪 70 年代，若干台珍妮纺纱机被走私至该国，随后由萨克森的木匠进行仿制。因为萨克森这个国家业已清晰地认识到上述行动的重要性，并通过向"机械工程师"提供财政资助以促进此种仿造。1800 年前后，萨克森估计已有 2000 台珍妮机投产。

早期普及的珍妮纺纱机仍然可以手工操作，即使对于一名手工纺匠来说也能承受得起，但事实证明，这种纺纱机在接下来的数十年里成了棉纺厂完全机械化的累赘。正因为如此，与伍珀河谷相比，传统的分散式生产方式相对而言能够存活较长的时间，以至于纺纱工厂在萨克森的设立要比在西方晚得多。此外，与其他许多具有近现代纺织工商业传统的地区相比，萨克森虽然在使用珍妮机自行生产方面具有很大的竞争优势，但它的纺织机械制造并没有像英国发展得那么迅速。萨克森引进英国水力纺纱机的时间相对较晚。首先，此种纺纱机需要机械驱动（通常为水力），因此无法使用木材制成。由于采用了金属框架，它的仿制对于来自木工行业的手工业者来说几乎是无法逾越的技术难题。

欧洲大陆被
封锁的影响

在欧洲大陆被封锁期间，萨克森棉纺厂的业务最初还是发展得十分顺畅。对法国实施的关税隔离政策致使伍珀河谷蒙受损失，而萨克森棉纺厂则因为封阻了英国的竞争而获得极大的裨益。与此同时，越来越多的现代英国纺纱机能够被仿造。1812 年，这些水力驱动的机器的纺锤数量应当超过 25 万个，因为萨克森西部低山地区的水力资源十分丰富。

欧洲大陆的封锁被解除后，情况发生了巨大变化。如同伍珀河谷的情形，萨克森的棉纺业于19世纪20年代起开始崩溃。主要来自英国的进口产品再次满足了棉织厂不断增长的需求，因此只有生产效率最高的萨克森纺纱厂才能生存。

同样在萨克森，棉织业的成功令纺纱业黯然失色。18世纪末，英国织物的优势，特别是更好的染色和上浆技术，还不足以严重威胁萨克森的织物。与此同时，廉价英国机纱的进口使得萨克森的织物更为便宜，从而进一步拓展了销售市场。19世纪30年代初，首台半机械化的织机在萨克森投入运行，尽管稍晚于伍珀河谷，但随后的传播速度很快，不及一年的时间，仅开姆尼茨即安装了700多台此类织机。在此方面，开姆尼茨与埃尔伯菲尔德不相上下。

棉织业

然而，从长远来看，萨克森工业在产业结构上规模过小的局限性逐渐显露出来，诸如萨克森向完全机械化织机的过渡较关税同盟的其他国家要缓慢得多。1861年，萨克森拥有德意志关税同盟几乎三分之一的棉织厂。然而，萨克森拥有的织机仅占关税同盟总拥有量的6%。

如同在伍珀河谷，萨克森西部的其他工业也在纺织工业的带动下发展起来。对于机械制造来说尤其如此，并使得开姆尼茨于19世纪中叶成为现代工业的中心。开姆尼茨的机械制造企业甚至成功进入了蒸汽机车制造领域，从而使得萨克森的西部尤其凭借其丰富的煤矿而为进入工业化的第二阶段做好了充分准备。

三、社会后果

在18世纪专制统治者对经济的理解中，人口增长代表了其政策收获的预期效果。重商主义经济政策宣称的目标是通过土地扩张和人口政策加速人口的增长。城市和乡村的人口众多被视为财富，并赋予统治者更多的权力。然而，到了 18 世纪下半叶，越来越多启蒙的观察家不再赞同此种与人口增长的正向关联性。人口在这个古老帝国的诸多地区开始稳定增长，而农业在很大程度上仍然受到封建生产方式的束缚，似乎并没有跟上这一发展的步伐。

人口增长　　19 世纪上半叶（自 1816 年以来），人口增长持续加速。1816 年左右，大约有 2400 万人生活在后来的德意志帝国境内，至 19 世纪中叶，这一数字已经达到 3500 万。因此，德意志人口平均每年增长 1% 左右。出生率的提高是人口增长加速的主要原因，起到决定性作用的是结婚率的提高而非生育率的增长。死亡率的下降尚未对不断增多的人口净增长产生任何影响。直至 19 世纪 60 年代，居民的预期寿命相对稳定，介乎 25—30 岁（根据不同的地区而有所区别），所以当时卫生和医学的进步尚未产生实质性影响。与 17、18 世纪相比，"危机"死亡率的下降是死亡率显著降低的主要原因。这是因为，自 1815 年以来的和平时期以及未曾发生重大流行疫情避免了像过去数个世纪反复发生的灾难性的经济衰退。

尽管自 1816 年以来，德意志邦联所有地区的出生人数均显著增长，但区域间的发展情形各不相同。东北部地区的新生儿人数以及人口净增长数特别高，而尤其以巴伐利亚为代表的德国西部地区则远低于平均水平。导致这些区域性差异的部分原因是巴伐利亚实施的有关婚姻和定居的极度严苛的法律法规，致使婚配年龄普遍推后，并且在下层阶级中未婚的人数比例过高。然而，上述举措的实际效果非常有限。因为即便在限制最为严格的地区，非婚生子女的人数也是最多的，而这绝非巧合。

对于人口增长的区域差异性影响更大的是，以农业为主导的东北部地区的经济状况的高度差异，农业地位同等重要的东南部地区亦是如此。自 18 世纪以来经常发生的危机导致社会状况的极度恶化，特别是对巴伐利亚的农村人口而言，尤其是在小农经济占主导地位的地区，其生育水平远远低于其他实施类似的限制性人口政策的地区。

区域差异性

与巴伐利亚相反，新的土地所有制以及国家在东北部农业地区的扩张——那里的人口密度在最初阶段很低，导致庄园和村庄的就业机会大幅增加，因此，起初仍然有足够的就业机会可以面向快速增长的潜在劳动力。在此方面，自由化的"人口政策"，特别是废除由统治者批准的结婚许可，得以充分发挥作用。

19 世纪上半叶，除德国东北部以外，人口的增长并未与就业机会的增长保持同步。第一批涌现的工业城市仍然规模太小、数量太少，无法容纳得下农村的下层阶级，对于他们来说，在废除农民的保护政策以及公地私有化之后，其就业机会越来越少。由此，一场大规模的人口灾难即将来临，特别是这一灾难绝非中欧独有的问题。

事实上，在 19 世纪 30 年代和 40 年代，德国经历了早期在西欧部分地区已经出现过的人口灾难，并且也影响到欧洲的其他地区，其中尤其以爱尔兰和意大利的人口遭受的打击最为严重：人口触及可供给食物的极限。在德国，新出现的规模性贫困问题最初在西南部地区爆发得尤为严重。那里的人口自 19 世纪 30 年代起也开始增长，而且其增速超出了小规模工商业和小农经济的承受能力。借用英语和法语的表述，"大众的贫困化"这一概念自那时起即在德国被用来描述人口增长以及与之伴随的贫困现象。同时代人一致认为该现象是一种历史性的全新的规模性贫困，与传统的贫困根本无法相提并论。

大众的贫困化

英国圣公会牧师兼经济学家托马斯·罗伯特·马尔萨斯（Thomas Robert Malthus，1766—1834）是第一个注意到人口的增长即将出现历史转折点的人。1798 年，他在《人口原理》的论著中发表了其有关"人口铁律"的著名论点。马尔萨斯在论文中声称人口增长的速度快于粮食资源的生产速度。因此，在一段时间之后，人口的增长必然达到食物供应的极限，而人口过剩的灾难将不可避免（参见史料原文）。

马尔萨斯并没有止步于这一论述，他还研究了人口增长的原因。他认为这些都取决于社会因素，而当前观察到的人口变化并不代表人类学的常态。然而，社会的决定性因素意味着这种变化可能会受到外界的影响。通过大量的实证研究，他成功证明了婚姻行为对于人口的变化具有决定性作用，而人口的变化又取决于道德规范和社会地位——无论是下层阶级抑或市民阶层。独身主义或生存上获得保障的晚婚主义即是这样的规范。

罗伯特·马尔萨斯论人口的变化
罗伯特·马尔萨斯，《人口原理》，慕尼黑，1977 年（1798 年第 1 版），第 18 页，以及第 22 页。

人口若不受到抑制，将会以几何比率增加。而生活资料却仅仅以算术比率增加。只需很少的几个数字即足以呈现第一种力量相对于第二种力量的优越性。由于我们的自然规律是，食物为人类生存所必需，因而必须使这两种不均衡的力量保持相等。这意味着，获取生活资料的困难会不断地对人口增长施加强有力的抑制。这种困难必然会出现在某个地方，必然会被很大一部分人强烈地感受到。（……）

假设世界人口为任一数量，比如说 10 亿，则人类将按几何比率增加，而生活资料将以算术比率增加。225 年后，人口与生活资料之比将为 512：10，300 年后，人口与生活资料之比将为 4096：13。（……）上述假设无异于承认土地的生产力是绝对无限的。它们可能会不断增加，并且大于任何可以确定的数量。然而，由于人口的增长力量代表了更高层次的数量，人类的增长只能依靠强有力的自然法规不断发挥作用，使人口的增长与生活资料的增长保持在同一水平。

造成大众贫困化的原因一直存在争议。长期以来，人们认为工业化引发了人口的增长。但这样的论点定然是错误的。因为人口早在 18 世纪起即开始增长，而这远早于工业化。此外，像农业主导的东北部地区显然未出现任何现代工业的萌芽，但其人口在 19 世纪前 30 年的增长率极高。

大众贫困化的成因

然而，这一假设的正确之处在于，经济发展与人口增长之间存在正向关联。只不过在 19 世纪上半叶发挥作用的尚不是现代工业。既可以通过像德国东北部那样的农业扩张，也可以通过转向家庭手工业生产（以纺织为主）创造有利于（人口增长）的条件。在这两种情形下，个人的未来在很长一段时间内似乎都是利好的。家庭手工业的繁荣创造了大量新的就业机会，使得在农村从事手工业的从业者能够组建新的家庭。由于家庭手工业的额外收益在很大程度上是通过使用童工获取的，导致结婚年龄年轻化，而新生儿人数则远远超出其他农业人口。

与一代人之后的现代工业相比，人口分布稠密的西里西亚、威斯特伐伦和莱茵省的家庭手工业被证明是一个相对持久的"繁荣因素"。当机器生产的纺织品不断压低家庭手工业生产的商品价格时，已经启动的人口的快速增长不可能再简单地予以抑制。

19世纪40年代的危机

在农业人口呈现潮涌的时期，移民尚不能解决"人口过剩"的问题。即便如此，1815—1835年，有超过40万人从德国，尤其是从德国的西南地区向外移民。当时最主要的目的地是荷兰、波兰或俄国，因为可以步行抵达。如果说人口增长于19世纪40年代有所放缓，其主要原因为歉收、饥荒和流行病，上述现象尤其是在40年代中期不仅困扰着德国，也困扰着欧洲的大部分地区。城市和乡村的数十万日结工，以及小农（特别是在实体分割地区和低山地区）、手工业者和（失业的）受过教育的市民都在忍饥挨饿。

实体分割

农业庄园的继承可以区分为两个原则：单独继承权和分割继承权。就单独继承权而言，继承权属于单一继承人，通常为长子或幼子。所有其他继承人均获得补偿。通过此种方式，庄园企业得以维系为一个有生命力的统一体。在分割继承权中，财产（包括农业庄园）在继承人之间进行分配。如果有多个继承人，则对庄园进行分割，致使被分割为小块土地和自主独立出来的那部分企业实体很快即不可能再具有生命力。尽管德意志的大部分地区都实行单独继承权，但实体分割尤其在德意志的西南地区盛行，这在一定程度上诠释了该地区诸邦的移民率缘何居高不下。

饥饿与犯罪

无论如何，下层阶级的食物只有马铃薯、黑麦面包、麦糊和卷心菜。小农偶尔可以在其饮食中添加一些牛奶和肥肉，但即便是他们也不得不将肉类销往城市。许多失去土地的底层家庭为了生存而从事偷猎、盗窃木材和谷物的活动。他们认为这是对其丧失公地使用权的补偿。城市的境况也好不到哪里去。那里的下层阶级犯罪十分猖獗，许多来自底层社会的妇女和女孩被迫卖淫。

由于中低阶层的收入中可用于购买食物以外用途的比例越来越小，因此这场危机也波及工商业，特别是大众消费品的生产商。从此方面来说，在德国历史上，也是一场农业危机最后一次决定工业的发展趋势，并于和平时期最后一次造成成千上万人死于饥荒。仅在上西里西亚，19世纪40年代中期即有8万人左右因饥饿而感染伤寒，其中约1.6万人死亡。

讲述柏林的一个居家劳工家庭的状况，1843年

贝蒂娜·冯·阿尼姆（Bettina von Arnim），《作品和信件》，第3卷，弗莱辛，1963年，第241页。

织工费舍尔今年42岁。他的外表很难赢得别人对他的信任。他的头发蓬乱，眼神阴沉，衣衫褴褛，每次过马路都会引起警察的注意。乍一看，生活的苦难早已将他与任何有序的社会隔离开来。（……）那个妇人看上去邋邋遢遢。她披头散发地坐在脏兮兮的床上从事编织劳作。眼瞅着这个10岁的男孩即可知晓，他的父母对他手工制作的纺车线轴的关心要甚于对他本人的关怀。一个8岁的女孩离家出走了，8个孩子夭折。

作为一个织工伙计，费舍尔已经涉足了很多领域。去年年底，他17周没有工作。他欠下房东8塔勒的房租，去了趟汉堡，在那里也没有找到什么事情可做，于是带病返回柏林，被送往夏里特（市立医院）；警察将他和他的全家带到劳动教养所，他在那里被当作囚犯与形形色色的罪犯共同生活了15

> 个星期，并与其妻子和子女分隔开来。（……）他最终被释放，并得到 4 塔勒的援助。（……）因此，他还欠着 5 塔勒的房租。如果他可怜的邻居西格蒙德昨天没有给他 30 肘尺（约 20 米）的织布任务，他即会再次失业，而这个织布任务可以让他在接下来的 14 天里赚到 3 塔勒的织工工资。其家庭的生存得以保障两周的时间。但可以预见的是，他们在很短的时间内将不得不被再次送回劳动教养所。

国家的无能为力

面对大众贫困化问题，国家基本上无能为力。19 世纪初适用于德意志所有邦国的《家庭法》要求城市和乡镇有义务为出生在那里的穷人提供资助。因此，在德意志的南部地区和萨克森，乡镇可以对婚姻设置限制，对有意愿结婚的人规定最低年龄以及充足的"食物状况"。然而，这些措施收效甚微。尽管许多贫穷的年轻人的移民可能是早有蓄意。但被污蔑为"道德堕落"婚外性行为导致非婚生和死产的数量增多以及婴儿夭折率的攀升，使得上述举措看上去很难解决"人口过剩问题"。

居住权

此外，居住权阻碍了跨区域劳动力市场的发展，而自改革时代以来，劳动力摆脱了封建束缚，使得跨区域劳动力市场原则上已经成为可能。鉴于外地极度不确定的前景，移居后因贫困而导致的生存风险急剧增加，这意味着许多"被解放"的劳动力不会离开自己的家乡，即便那里几乎没有什么适合他们的工作可做。

在普鲁士，立法机构直至 19 世纪 40 年代初方才解决这一问题。1842 年，两部法律确认了乡村社区、庄园主和城市对其成员承担的救济义务。尽管如此，居住权在一定程度上被修订，即社区成员离开其社区 3 年后即失去其原籍社区的居住权，而于其在新居住地居住 3 年后获得居住权。与此同时，通过对流动的贫困群体在施加严厉惩罚的威胁下，迫使其向市场提供劳动，以此确保无产者向城镇移居。对于工作条件抑或报酬适当保护，完全不存在。

即使是少数早期产业工人的处境也好不到哪里去，至少如果他们不属于一小部分收入相对较高的技术工人精英中的一员的话。广大产业工人家庭的生活始终接近温饱生存的最低限度，只能依赖丈夫归因于持久健康的连续工作以及妻子的辅助劳作，往往还需要其子女获取最低限度的收入以维持其悲惨的生活。

乡村的劳作和行会的手工业十分艰辛，监工和主人往往是冷酷无情的，但劳动力的生产和再生产仍然在很大程度构成了叠合的生存领域。工厂作业将上述领域截然分开，机器的节奏较工头或领班更为薄情寡义。工作时间不再是由一天的节奏决定的生活时间，而是由时钟或信号测量的抽象时间。新时代要求工作的准时性、稳定性和规律性，以及休息时间的有限性和固定性。工厂采用严格的规章制度以执行工作纪律，在此当中，对工资以及工作时间作出了设定，一如对违规行为实施的掌控和处罚。

工厂作业

19 世纪 80 年代门兴格拉德巴赫一家织布厂的工厂章程
门兴格拉德巴赫 F. 布兰茨公司的工厂章程［由 W. 勒尔（W. Löhr）整理］，门兴格拉德巴赫，1974 年。

第四款：工人如果在工厂厂区内公开嘲笑宗教或良好的风俗习惯，或有严重的不道德行为，或在酗酒的状态下被抓到现行，或犯有贪污罪，或发起或参与斗殴行为，都将被即刻解雇。如果在工厂厂区外犯下同样的罪行，以及不修边幅的生活作风、轻率的借贷行为、反反复复的酗酒，都将招致警告，抑或，如果警告未能奏效，则将遭到解雇。

对工厂上级的不服从和蔑视、对同事的不包容、恶意损坏材料或机器，同样也可能被处以立即开除或解雇的处罚。（……）

第五款：女性工人在工作期间应尽可能与男性工人分开。同样，在闲余时间，禁止他们之间有任何相互的接触。任何违法行为，以及年轻男女人之间任何违反基督教习俗的轻率交往，即使是在工厂之外，都将招致警告（……），如果毫无成效，则会被予以解雇。

尽管在大众贫困化的年代，工厂的工作至少为许多具备工作能力的年轻男子提供了物质生存的基础，但出于无法承受的工厂纪律，人员的流动性极高。第一代的诸多产业工人但凡看到在乡村找到工作的微乎其微的机会——即便只是收获季节的短工，即会逃离其工作场所。因此，反抗更具个性化。直至帝国成立以前——1848/1849 年大革命时期除外，集体反抗行动均为特例。过往，特别是机器的冲击被严重高估。

工厂的噪声和恶臭、工作的单调以及常常需要步行数小时的通勤，更加增强了遵从工厂纪律的必要性。19 世纪 30 年代和 40 年代，产业工人的工作时间一般为 12—14 小时，极端情形下可达 16 小时，因而，他们的生活几乎除了（对身体和心理要求极高的）工作即是（过于短暂的）睡觉。预期寿命相应较低。只有 5%—7% 的人口年龄超过 60 岁，而在此人群中，19 世纪中叶几乎见不到产业工人。任何真正达到该年龄段且其劳动能力不再适应持续、艰苦工作的人都会发现自己再次面临现实的生存风险，即老年贫困，唯有通过将其融入到其家庭当中才能在一定程度上消除此种风险。

一位医生关于工厂劳动条件的报告

《第四阶层的困苦（出自一位医生的报告）》，莱比锡，1894年，第2页。

当大批工人下班归来时，目睹这些脸色黝黑、穿着破旧和油腻的工作服的男子，以及面色苍白、衣衫褴褛的妇人，这绝非一种美丽和令人开心的场景，在他们的身上，看到的是一种不健康，是对劳动者的粗暴、强迫性的压榨，以及其职业对其精神的钝化。（……）劳动时间漫长，休息时间很不充分且间隔时间过长，而且大部分工作都极其单调和过于规律性，常常强迫躯体处于一种固定的、连贯的姿态，很容易导致疲劳，并且有损健康。（……）在工厂的空间里劳作对健康不利，因为车间内封闭、拥挤和通风不足，缺乏在新鲜空气中进行充分和调和性的活动。（……）所以他们日复一日地劳作，从早到晚，年复一年，在同一个场所的同一个房间里总是重复同样的事情。他们最终不可能指望通过恒心和努力取得事业的进步。（……）

产业工人家庭的妇女们往往在市民阶层的家庭中充当佣人，或者在庄园中充当雇工。然而，越来越多的妇女也在工厂中劳作，尤其以纺织业为主。在工业化的早期，女性工作在法律上没有任何保护（限制孕妇或产妇的工作时间，禁止夜间劳作）。除了少数早期的社会改革者外，对女性劳动力肆无忌惮的压榨几乎没有被同时代人视作是令人反感的。原因在于，数百年来，女性不得不在农业领域从事重体力和持续的劳作。

童工

对儿童从事工厂劳作的评价有所不同。在德意志西部较发达的工商业地区，学校当局在拿破仑战争后即已注意到，许多儿童因为在工厂工作而没有接受义务教育。早在19世纪20年代，军事当局也曾对工厂和煤矿对童工造成的身体伤害予以批评，认为这危及军队后备部队的供给。然而，直至19世纪30年代末方才采取法律措施，首先是在普鲁士，稍后在巴伐利亚和巴登。然而，在当时工厂工业最发达的萨克森，又耗费了近25年的时间，方才于1861年通过了防止对儿童进行肆虐剥削的立法。

1839年普鲁士制定的《青年工人在工厂就业条例》规定，儿童最早需年满9岁方才可以在工厂工作，且前提是其之前已经上过至少3年的学校。9岁至16岁的儿童每天的工作时长被限制在10个小时以内。通常情形下禁止在夜间、公共假日和周日劳作。很难确定这些对童工的法律限定实际上执行到何种程度。在诸多情形下，至少在19世纪40年代，这些规定可能并没有得到遵守。因为那时国家还没有派遣检查官对工厂实施监督，而且处罚也很轻微。

工厂检查官

直至1853年，普鲁士才在使用工厂童工较多的重点区域（阿恩斯贝格、杜塞尔多夫和亚琛这几个行政区）部署了工厂检查官，负责监督职业防护法规的执行。然而，当时的报道表明，上述部署仅在亚琛真正取得了一些成功。正如阿德尔海德·波普（Adelheid Popp，1869—1939）的人生经历所表明的那样，数十年后，在工业领域使用童工的最为严重的陋习方才勉强被消除。

阿德尔海德·波普后来成为德意志工人运动中最重要的女权活动家之一，她讲述了自己在19世纪70年代的童年：她是一个织工家庭15个子女中最小的一个，而这个家庭最终只有 4 个子女幸存下来。阿德尔海德的父亲在其 6 岁时去世。在读了 3 年小学后，她于 10 岁那年第一次去工厂打工：

> 我们搬到城里，和一对年迈的夫妻同住在一个小房间里，他们睡一张床，我和妈妈睡另一张床。我被一个车间录用，并在那里学会了钩编披肩；我每天辛勤工作 12 个小时，可以赚到 20—25 十字币①。如果我晚上仍然把工作带回家的话，还可以多赚几个十字币。当我必须于清晨 6 时跑步上班时，其他与我同龄的孩子还在梦乡中。当我晚上 8 点赶回家时，其他孩子已经吃得饱饱的舒舒服服地上了床。当我在工作时蜷曲着身子坐着，一针又一针地编织时，他们还在游戏（……）或者坐在学校里。（……）一股强烈的愿望不断向我袭来：哪怕只能够美美地睡上一觉。（……）但如果我有幸能够睡觉的话，那么它定然不是一种幸运，因为这即意味着失业或者疾病。

当阿德尔海德 12 岁时，便开始充当裁缝学徒。仅仅一年后，她即完全崩溃了，在医院住了一段时间。这是多年来她受伤的身体第一次得以恢复。

> 我必须每天工作 12 个小时，将珠子和丝绳串在一起制作女装的装饰品。（……）我必须不停地工作，不允许自己有一分钟的休息。当我被刺伤的手指已经感到疼痛时，当我感到全身疲倦时，我总是满怀着渴望看向时钟。当我最终往家中返回时，无论是在美丽温暖的夏日还是在刺骨严寒的冬日，当我有很多事情要做时，我常常不得不把工作带回家过夜。这是令我感到最为痛苦的，因为工作剥夺了我唯一所拥有的快乐。

---

① 14—19 世纪在德国流通的一种辅币。——译者注

> 资料来源:《来自德国产业工人的生活记录》[由乔治·埃克特
> （Georg Eckert）编写]，布伦瑞克，1953 年，第 40 页。

　　根据官方数据，工业童工于 19 世纪 40 年代达到顶峰，当时普鲁士所有 9—14 岁儿童中约有 1.5% 受雇于工业企业。1846 年，大约有 3 万多名儿童在工厂打工。除了未予报告的在工厂打工的童工数量外，还不包括在家庭团体中从事农业和手工业生产的更大群体的儿童，他们不受任何法律的保护，而且往往要像工厂里的童工一样从事同样长时间和艰辛的劳作。

后来成为符腾堡州议员的莫里茨·莫尔（Moritz Mohl）论述农业生产领域中的童工，1828 年

S. 匡特（S. Quandt）著，《德国的童工和儿童保护（1783—1976）》，第 34 页。

　　谁能不带感情地联想到英国、法国、瑞士等国纺织工厂中数千名儿童从凌晨至深夜都被关在厂里的命运，他们几乎没有时间吃饭，也许可以上一个小时的学，很少有时间享受娱乐。（……）尽管如此，与人口过剩的农业国家最贫困阶层的儿童的命运相比，这些工厂童工的命运仍然可以说是幸运的。产业工人的子女在其人生的最初数年没有得到精心的呵护，但不会比在农村人口过剩地区的儿童经历的无人看管更为严重，他们的父母由于一贫如洗和精疲力竭而无暇顾及其子女，因为匮乏和贫困而使他们对子女的疼爱麻木不仁。（……）每个夏天，这些可怜的孩子们（……）必须在马路上和灌木丛中辛苦地收集牲畜的饲料；每个冬天，他们必须在田野间和森林里收集柴火，如果他们空手而归，或许会承受不幸。（……）他们的衣服十分粗陋且脏兮兮的，常常衣衫褴褛，经常赤着脚，吃

着很差的食物，睡着很差的床，而这些床甚至无法为孩子们（……）在夜间给予一处温暖小窝的慰藉。

19世纪50年代，工厂使用童工的现象大幅减少。1858年，登记在册的8—14岁童工只有约12500人。在普鲁士，工厂劳动力中童工的比例因此从6.6%（1846年）下降至3.2%。但与此同时，工厂劳动力中女性的比例却大幅增加。在纺织工业中，帝国成立时期女性的比例轻易达到了50%甚至更高。

第三章
工业化的重工业阶段
（1830—1890）

一、重工业的主导部门复合体

在德国经济史中，19世纪40—70年代工业化的典范阶段亦被称为"工业革命"或"腾飞"阶段，基于"重工业的主导部门复合体"的阐释，这一阶段基本上实现了关税同盟国家对工业化的成功追赶。"主导部门"这一概念源自发展经济学，描述了工业化进程的战略核心。

就德国而言，尽管19世纪上半叶采取了一些值得注意的措施，但纺织工业仍然无法发挥主导部门的作用。在工业化的突破阶段，即使在纺织工业的拓展领域，增长的速度亦达到了不可忽视的程度。尽管19世纪中叶以来，纺织工业在所有领域的机械化均取得了长足进步，各产品领域的增长在劳动生产效率大幅提高的同时亦明显加速，但作为最现代的纺织工业的子领域，棉纺厂和织布厂在世界市场上仍然无法达到与钢铁工业，乃至与机械制造相媲美的领先地位。

四个领域承载着关税同盟国家工业化的"火车头功能"：煤炭开采、钢铁工业、机械制造和铁路。鉴于各领域之间高度的相互依存性，不得不谈及一个主导部门复合体，而铁路则占据了其中心地位：建设和运营铁路需要钢铁、煤炭和蒸汽机车；生产钢铁需要煤炭，而生产煤炭则需要运输设备、抽水泵和其他机器。对于所有工业，包括上述提及的工业领域以及大多数其他领域，铁路最终为它们提供了运输手段，并通过降低运输成本以及拓展可进入的市场，从而为生产的扩大增添了新的动力。下面的输入－输出图表（参见表 3-1）展示了主导部门复合体之间相互依存关系的一小部分。

> 主导部门复合体间的相互交织关系

例如，在 19 世纪 60 年代，开采煤炭占用了铁路运输能力的 25%，而铁路则占用了钢铁产量的 27%。在主导部门复合体中，占据支配地位的无疑是对铁路建设的投资。另外，对煤炭开采和钢铁工业的投资则必须更多地被诠释为对铁路需求不断扩大的回应。

> 主导部门——铁路

因此，下文将引用铁路的示例对主导部门这一概念作更加细致的研究。

根据基于美国经济学家沃尔特·罗斯托[①]的理论，一个领域必须满足以下标准方才能够被称为主导部门：

（1）高于平均增长率；

（2）巨大的、不断增长的宏观经济影响力；

---

① 沃尔特·罗斯托（Walt Rostow，1916—2003），美国经济学家、政治理论家，代表作《经济增长的阶段：非共产党宣言》。——译者注

（3）生产率的提高带来的生产价格的下降或产品质量的提升；

（4）（由初始增长领域）延展至其他（相关）领域的强大的扩散效应。

表 3-1　铁路各部门之依存关系

所占比例（%）	铁路	采煤	钢铁生产	高炉
铁路				
19 世纪 40 年代		0		
19 世纪 50 年代		1		
19 世纪 60 年代		25		
采煤				
19 世纪 40 年代	0	7	5	
19 世纪 50 年代	2	7	12	
19 世纪 60 年代	3	7	30	
钢铁生产				
19 世纪 40 年代	32			
19 世纪 50 年代	36			
19 世纪 60 年代	27			
高炉				
19 世纪 40 年代			84	
19 世纪 50 年代			88	
19 世纪 60 年代			92	

资料来源：R. 弗雷姆德林（R. Fremdling）著，《技术变革与国际贸易》，表 58，第 336 页。

增长　　　　在 1850—1875 年间，关税同盟各成员国的铁路行业几乎像教科书一般满足了上述所有标准：

（1）与整体经济相比，该行业的增长指标均呈现扩张趋势。运输能力（线路长度）的增长与实际功效（吨／千

米和人 / 千米）的增长以及铁路运营领域就业人数的增长同样令人震惊（参见表3-2）。

（2）只有与整体经济相比，方才彰显增长的非同寻常的扩张趋势。这是因为，归因于相较于整体经济超出平均水平的快速增长，铁路行业在整体经济中的权重也随之增长。一方面，这适用于（从事建筑和运营的）员工，其在整个经济的从业人员中的比例，由19世纪40年代的不及1%上升至19世纪70年代的3%左右。更令人印象深刻的是（铁路行业）存量资本在重要性方面的提升，其在整体经济的存量资本中的比重由1850年左右的不及3%增长至19世纪70年代中期的10%左右。

整体经济的权重

表3-2　德国铁路行业的距离长度、员工数量和实际功效
（1840—1880）

年份	距离长度 （千米）	员工数量[1]	货物运输 （百万吨 / 千米）	人员运输 （百万人 / 千米）
1840	469	1600	3	62
1850	5856	26100	303	783
1860	11089	85600	1675	1733
1870	18667	161000	5876	4447
1880	30125	272800[2]	13039	6479

[1] 不包括铁路建筑工人。
[2] 1879年。
资料来源：R. 弗雷姆德林著，《铁路和德国经济增长》，表2，第17页，表7，第24页；齐格勒（Ziegler）著，《铁路与国家》，表A2，第551页。

之所以铁路领域运输能力超出平均水平的增长及其存量资本和员工在宏观经济中的重要性不断提高，大概是因为自1845年以来极高的净投资额，据估算在整个经济的

净投资总额中的占比可能最高达到 20%。在此期间，这一比例于 19 世纪 50 年代初和 60 年代初下降至 12% 左右，但总体而言，良好的投资环境似乎一直持续至 19 世纪 70 年代中期，中间只出现过短暂的中断。

运费的下降　　（3）德国铁路的运费于 19 世纪 40 年代至 60 年代出现大幅下降。"铁路时代"的初期，运费以陆路马车的运输价格为基准。然而，人们很快就发现，收费率的降低导致运输量的显著增长，这意味着基础设施的运输能力得到了更好的利用，诸如通过组织更为频繁的列车班组。另外，对运输服务需求的迅速增长超出了运力的上限。为了满足需求，但凡产能的扩张能够带来更好的投资回报，必须进行进一步的投资。

在某些情形下，铁路公司在修建铁路时即已预计到运输能力的扩张。然而，由于铁路建设通常会大大超出预期成本，因此在最初阶段放弃全面拓展运力。这便可以解释缘何许多铁路线路最初仅以单轨的方式运营，却已然铺设了该线路用于后来的双轨扩建的基座。通过铺设第二条轨道，可以相对较快地以较少的投入实现运输能力的显著增长。

运输成本降低的另一个主要原因是"技术进步"。与此相关联的，首先必须提及的是信号与制动技术的改进，而这些技术连同最重要的线路的双轨扩建，使得更快速的列车行进成为可能。除此之外，机车和货物车厢的性能也得到提升，因而可以更轻松地克服坡度的阻碍，并且可以增加每列车的有效载荷吨位，这对大宗货物运输的启动产生了非同一般的积极影响。各种铁路组件的使用寿命也得到了延长，例如通过提高钢轨的钢材质量以及通过一种特殊的浸渍工艺增强轨枕的耐用性。

（4）通过降低货运费率，铁路可以为其他行业赋予 扩展效应
增长的动能。价格更优的运输方式首先可以使中档中间产
品和制成品（例如纺织品）的生产商和（批发）贸易商扩
大其销售市场，而随着时间的推移，此类产品也扩展至中
档——自 19 世纪 60 年代起还包括低档——的大宗商品
（如煤炭），而铁路运输服务一直持续至 19 世纪 70 年代的
高速增长也正是归因于此。由此，铁路服务被赋予先行给
付的特征（"前向耦合效应"），被最近的研究视为是其他 前向耦合
行业的增长和实现现代化的重要推动力，甚至有可能是最
重要的推动力。

真实的投资需求产生的推动力（"反向耦合效应"）对 反向耦合
于铁路对整体经济的发散效应几乎与前向耦合效应同等重
要。首先是钢铁工业（铁路）、机械制造（机车）和煤炭
开采（煤炭作为动力能源）受益于铁路行业不断扩大的
需求，但其他行业也获益匪浅。尤其是建筑业和建材业，
因为它们为线路和车站提供了建筑材料。电信技术同样
也得益于铁路建设，这是因为在修建铁路网络的同时亦
在铁路沿线同步铺设了电报线网络，以利于更好地操控
列车。

对铁路的需求不仅直接，而且还通过重工业主导部门
复合体的其他产业间接推动了零部件产业的扩张和现代化。
例如，木材业和林业曾经通过反向耦合效应直接从铁路需
求中获益，因为新建的铁路线路除钢轨外还需要大量的木
枕。另外，由于地下采煤矿井的扩建需要大量的坑木，所
以通过对铁路的需求也间接增加了对木材的需求。

（一）运输革命

为了使铁路能够成功地履行作为德意志诸邦国工业化主导部门的这一职能，需要特定的先决条件和框架条件，而这些绝非在所有欧洲国家都可以找到，这便可以解释为何德意志关税同盟诸国在欧洲工业化的重工业周期即如此成功地追赶上了工业化。

下文将要特别阐明两种观点，以此彰显铁路行业作为主导部门的质量：一是铁路网络的建设时期较早，且与欧洲大陆相比建造速度极快；二是德国工业的能力，即在相对较短的时间能够生产出质量一流的铁路部件，从而不仅可以不依赖外国物资的进口，而且跻身全球最大的钢材（钢轨）和机器（蒸汽机车）出口国之一。

理论上可以想象得到，德意志诸邦国认识到铁路蕴藏的发展潜力，于是开始将铁路作为基础设施的先行服务加以建设。这可能会引发一种发展，即实际的交通需求会相对较快地"适应"基础设施的前期投入，并很快需要进一步的投资。然而，这样的设想与现实完全没有任何共同之处。首先，19世纪30年代只有极少数的同时代人认识到——哪怕只是连猜带蒙——通过修建铁路缩小英国的工业领先地位的可能性，其次，当时的德意志诸国甚至在理论上都不具备如此大规模地修建铁路的可能性，而在此之后，至19世纪50年代初，这一切在短短的20年内都成为现实。

长途公路　　18世纪德国的交通条件，即使相较于德意志诸国低下的经济发展水平，亦是完全不相匹配的。直至拿破仑占领德国西部地区的那段时间，实际上还没有真正能够发挥功效的人工道路。除了德国西南部的数条较老旧的道路外，修建长途公路的最初推动力来自法国人，后者早在拿破仑占领初期即试图通过改善联络条件使被吞并的德国西部地区在经济上更加接近法国的水平。随着梅斯－不来梅这一大型长途公路项目的实施，还规划了一条经由美因茨与莱茵联邦国家相连的道路，以及途经法兰克福的一条连接德国中部地区的支线道路。然而，由于法国的占领时间太短，无法实现这一雄心勃勃的项目。尽管多个德意志邦国于维也纳会议后继续实施这一项目，但相互间的统筹协调远远不够，因为事实证明德意志邦联没有能力发起超越邦国之间的项目。

　　和法国人一样，普鲁士人很早也认识到交通基础设施对于将新加入的省与普鲁士腹地相连的重要性。财政状况的改善使得在 20 年代通过修建"大道"将柏林与易北河以东几乎所有重要的普鲁士省级城市连接起来成为可能。普鲁士国家还在其西部省份修建了众多连接公路。然而，直至关税同盟建立时期，由于黑森选侯国和汉诺威等"走廊"邦国的消极态度——它们不愿通过在其自己的领土上修建道路以强化普鲁士的优势，这些西部省份与德意志中部地区的连通一直受到阻碍。与英国的"收费公路"不同，在整个德意志仅仅修建了极少的私有道路。

　　当关税同盟成立之际，至少德意志北部地区的交通基础设施较 18 世纪有了显著改善。然而，公路网络远远不足以满足期待中的在经济发展中形成的超越国家的跨区域分工需求。因此，早在 19 世纪 20 年代，单个私营企业主对交通的需求也促使建造铁路在德国被提上议程。

英国的交通革命

　　尽管交通收益明显微薄，但在德国考量引入此种新的交通方式的时间只比英国稍晚一些，其实这毫不奇怪，因为相关的压力要大得多。18 世纪，英国凭借其稠密的内陆运河网络进一步提升了其岛国地位的自然地理优势，并且受益于沿海和内陆航运，有能力在经济区域之间以及生产原材料和食品的不同地区和大都市伦敦之间建立有效的联系。与此相反——相较于法国亦同样如此——在 18 世纪的德国，既没有将河流拓宽以利于航运，也没有修建运河（只有极少数特例），以至于大江大河未能延伸成为一条水路网络。

德国的愿景

　　即使是 19 世纪 30 年代最大胆的愿景也未曾考虑过网络构建和全域开发，而是最初仅仅规划了个别线路，最多可以通过与内陆港口的连接进行延伸。例如，企业家弗利德里希·哈科特[①]于1825年制定的修建一条连接科隆与明登的通道的计划也是完全以连接莱茵河和威悉河为其显著特征。即使是国民经济学家弗利德里希·李斯特 1833年提出的关于建造一个覆盖整个德国的铁路网络的更为著名的愿景，仍然需要通过——诸如在莱茵河和易北河上的——船舶运输弥补缺口。

官僚机构的立场

　　在当时的国家官僚体制内，赞同此种愿景的负责人很少。特别是在普鲁士，如果被认作刚刚耗费巨资修建的"大道"将被置于竞争和挑战时，许多国务部门的成员

---

① 弗利德里希·哈科特（Friedrich Harkort，1793—1880），德国早期杰出的实业家，被誉为"鲁尔区之父"，于 1818 年在鲁尔区建立了德意志第一家机械工厂，作为铁路的早期支持者，于 1825 年提议修建一条从科隆到明登的铁路线，并于 1826 年建造了一条小型单轨试验轨道，最终成为 1847 年完工的科隆－明登干线。——译者注

将会对此大发牢骚。毕竟，道路的养护费用应由道路使用费用予以支付。然而，当交通从公路转向铁路时，普鲁士国家则面临金融风险。因此，在经济政策方面具有强大影响力的国务部长克里斯蒂安·冯·罗瑟[1]、邮政总局局长卡尔·冯·纳格勒[2]和财政部长阿尔布雷希特·冯·阿尔文斯莱本[3]都是铁路事业的反对者。

虽然在普鲁士官僚机构的最高层以及特别是在各个省份也有诸如像前财政部长弗利德里希·冯·莫茨[4]和卡尔·格奥尔格·马森[5]这样对铁路政策具有远见卓识的人，但他们最初无法对抗普鲁士国家财政利益的代表。巴伐利亚的情形亦很相似，铁路的支持者们不得不面对一位仍然优先考虑连接美因河和多瑙河的运河建造项目（路德维希运河）的国王。然而，第一条从纽伦堡到菲尔特的铁路线

[1] 克里斯蒂安·冯·罗瑟（Christian von Rother，1778—1849），普鲁士枢密院财务顾问兼财政部部长，担任普鲁士海上贸易总监长达28年，后成为普鲁士银行首任行长。——译者注

[2] 卡尔·冯·纳格勒（Karl von Nagler，1770—1846），普鲁士政治家、收藏家，长期担任普鲁士皇家邮政总局局长，后任普鲁士驻法兰克福国民议会公使。——译者注

[3] 阿尔布雷希特·冯·阿尔文斯莱本（Albrecht von Alvensleben，1794—1858），出身于贵族家庭，早年在柏林大学学习法律，后中断学业参加德国反对法国拿破仑统治争取独立的战争，后在普鲁士司法部任职，1835—1842年担任普鲁士财政部长，并积极支持德意志关税同盟。——译者注

[4] 弗利德里希·冯·莫茨（Friedrich von Motz，1769—1834），早年在马尔堡大学学习法律和政治，1795年起加入普鲁士公务员队伍，后在多个岗位历练后于1825年担任普鲁士财政部部长，任上最大成就是推动德意志关税同盟的成立。——译者注

[5] 卡尔·格奥尔格·马森（Karl Georg Maassen，1775—1830），普鲁士政治家、律师，德意志关税同盟的缔结者之一。——译者注

路于 1835 年投入客运运营并取得了商业上的成功，从而在绝大多数德意志国家的官僚机构中增强了铁路支持者的力量。

路德维希运河

自中世纪以来，人们反复尝试贯通莱茵河与多瑙河的河流体系。查理大帝可能于 793 年（在福沙－卡罗林那）进行了第一次尝试。1836 年，从多瑙河畔凯尔海姆至美因河畔班贝格的全长 178 千米的贯通工程开始施工。该项目得到了巴伐利亚国王路德维希一世的大力推动，并于 1846 年竣工，但由于铁路的出现以及该运河沿线的大约 100 个船闸，使得其作为一条运输线路不再具有任何重要意义。

这也是迫切需要的。因为即便是民间投资的铁路建设也离不开国家的支持。首先，私营铁路公司需要获得政府许可方才能够组建一个股份公司并建设铁路线路；其次，他们必须获得国家赋予其征用个人土地所有者土地的权利，如果后者拒绝被征用，则必须出售建设铁路线路所必需的地产和土地。

然而，在那些缺乏私人投资热情，因而唯有国家才有可能成为建设者的德意志邦国中，政府对铁路建设的兴趣尤为重要。19 世纪 30 年代，只有萨克森、巴伐利亚和普鲁士才拥有真正的机会实施私人融资的铁路建设，其规模超出了早期仅数千米长的纽伦堡至菲尔特或法兰克福至威斯巴登（陶努斯铁路）线路。然而，为了调动必要的资本，必须在上述 3 个邦国营造有利的投资环境。因为至少对于萨克森、普鲁士的莱茵省、柏林以及普鲁士的大型商贸城市，虽然它们并不缺乏资本，但鉴于其资本市场的不发达，如何能够支配原本可以利用的资本是一个大问题。

巴伐利亚最先对私营铁路建设予以积极的扶持。纽 巴伐利亚
伦堡至菲尔特铁路线取得成功后，很快即找到了更多铁路
项目的发起人。因此，巴伐利亚可以认定巴伐利亚的铁路
能够由私营公司建造和运营。出于这一目的，该国政府于
1836 年底与业已获得批准的铁路公司开展合作，共同制定
了有关公司合约的所谓《基本规章》。其中，它还对资金
筹集以及铁路公司之间及其与国家之间的关系等问题加以
规范。一年后，第一部现代意义上的《德意志征用法》对
《基本规章》进行了完善。

1836 年，普鲁士国家还没有做好准备，为个人修建铁 普鲁士
路提供如此广泛的支持。因为出于政治考量不希望建设一
条由柏林至莱比锡的直达线路，所以普鲁士最早的大型铁
路项目之一——柏林至萨克森铁路甚至面临严重困难。除
柏林至什切青铁路外，其他早期的大型项目——如莱茵铁
路（科隆 - 亚琛）、莱茵 - 威悉铁路（科隆 - 埃尔伯菲尔
德 - 明登）、柏林 - 法兰克福（奥得河畔）铁路以及马格
德堡 - 莱比锡铁路——均未能向国家索取任何财政方面的
让步。

尽管如此，在授予马格德堡 - 莱比锡铁路特许经营
权的前期过程中，于 1836 年颁布了一种对新项目的发起
者具有指导意义的标准目录，其中包括"非营利性的且适
合于获得授权的《通用规定》，从而为那些铁路公司筹备
来自最高层面对其的授权以及为其颁发许可证而开展的进
一步谈判奠定了基础"。该目录与巴伐利亚的《基本规章》
相似，在个别问题上即便在普鲁士官僚体制内部也存有很

大争议，但其颁布的方式不同于巴伐利亚的模式，即并不
是同铁路公司共同制定的。因此，总体而言，该目录的最
终效果并非像铁路先驱们想象的那样。

普鲁士的
《铁路法》
（1838年）

两年后，普鲁士的《铁路法》获得颁布，其要点与
《通用规定》完全一致，但在此基础之上又进行了扩展。而
同时代的铁路先驱们对该部法规的评价同样也是以负面居
多。事实上，与《通用规定》不同的是，《铁路法》未能成
功刺激新的铁路建设项目，而是于该法颁布4年后仍然只
有少数线路在规划中。原因在于，并没有为投资者提供任
何财务上的激励（或至少是管控风险的保障性）举措，以
抵消（其中一些实际上完全是合理的）制约性政策，以至
他们完全被几乎全部现有私营铁路恶劣的收益状况以及法
律给正在建设的铁路带来的现实困难所吓倒。

利率担保

普鲁士政府直至1842年方才反应过来，当时的国务
部最终认识到铁路不仅为军事，而且为国家经济的发展
所带来的裨益。然而，鉴于三月革命①时期的现实宪法政
治条件，根本不可能在普鲁士建设国家所有的铁路。因为
1820年颁布的国债敕令通过规定以引入"帝国领主会议"
的"承约和共同担保"为先决条件而极大抬高了新增国债
的门槛。然而，由于普鲁士政府不打算于三月革命时期践
行上述先决条件，并且由于无法从当期预算中挪用必要的
资金，因此无法想象于三月革命时期实施由国家发起的铁
路建设。

普鲁士国王向联合领主委员会——该委员会是各省议会

————————————

① 1815年至1848年。——译者注

的代表机构，系 1842 年为替代不复存在的普鲁士议会而临时
设立的解决方案——就其动议的合理性作了如下阐释：

我还希望在诸多方面——例如，借助在主要方向上与国
外相通的综合性铁路系统，将首都与诸省连接在一起，以及实
现省与省之间的贯通——为国家营造值得期待的优势。因此，
我决定（……），通过国家现有可支配的手段，特别是通过用
尽全力重点保障投资资本的利息回报，以使得这些被视作是迫
切需求的铁路连线得到推广。

资料来源：《普鲁士王家法典汇编》（第 25 卷），1842 年 11 月
22 日，第 307 页。

然而，极其有利的财政状况使得设立一只国家建设基
金成为可能，而借助该基金即可为某些铁路项目提供利率
担保。此外，如果铁路公司在资金筹集方面出现问题时，
国家还可以直接参股一家铁路公司，以增强潜在投资者对
该公司的信心。事实证明，这一举措收获了圆满的成功。
19 世纪 40 年代中期，德国即已经历了第一次铁路建设的
繁荣景象（参见表 3-1）。

但是，除普鲁士外，关税同盟成员国中没有其他国家
仅仅借助个人的发起即能够建设一条连接最重要的城市以
及将这些城市与其邻国相连的铁路网络。只有少数德意志
国家从一开始即规划建造国有铁路。但通常情形下，私营
项目要么在规划或建设阶段即宣告失败，要么于线路竣工
后因盈利能力太差导致私营铁路公司无法再建造更多线路。
因此，德意志中部地区的邦国越来越多地转向建造国有铁
路，其主要动机之一即是担心邻国在此方面更快的建设速
度导致铁路网络绕开自己的领土。

德意志中部地区的国有铁路

革命之后，得益于 1849 和 1850 年两部宪法的颁布以及由两院组成的国家议会的建立，普鲁士最终具备了建造国有铁路的先决条件。19 世纪 50 年代，当收益状况的好转使得私营铁路的建设再次成为可能，以及诸如巴伐利亚等"国铁国家"也再次准许私人建造铁路时，自由保守派的普鲁士商务部长奥古斯特·冯·德·海特[①]试图将被认为势不可挡的私营铁路公司置于国家管理之下，或通过购买股份逐步将其国有化。

为此，普鲁士于 1853 年对所有铁路征收捐税，而国家则凭借这笔收入购买私营铁路公司的股份。此前获得过利率担保的铁路于 1848 年之后因收入状况不佳而不得不再次寻求国家的利率担保，除此之外还被置于国家的持续管理之下。由于普鲁士国家于 19 世纪 50 年代还启动了诸多国有铁路建设计划，至 19 世纪末，大约 50% 的普鲁士铁路已经归属国家管理。

"混合系统"　　因此，普鲁士拥有一套由国有铁路、私人铁路和被置于国家管理的私人铁路组成的"混合系统"。然而，在此方面，普鲁士的铁路系统与巴伐利亚并没有什么区别。因为后者的政府已经开始退出新的铁路线路的建设，而普鲁士国家则正在试图将铁路系统攫取在自己的手中。不同的是，巴伐利亚的私营铁路公司被赋予地区垄断权，国家和其他私营铁路公司都不得在该地区参与竞争。由于巴伐利

---

① 奥古斯特·冯·德·海特（August von der Heydt，1801—1874），普鲁士经济学家，1848—1862 年间担任贸易和工业部长，在任期间积极推进普鲁士的铁路建设和国有化，主张改革旧的采矿法，结束国家监管和矿工协会特权，同时倡导减少国家对组建新的银行的干涉。——译者注

亚的东部和莱茵河左岸的普法尔茨州等于当时尚待开发地区所处的边缘位置，显然有必要做出此种让步，以便调动私人投资者对这些地区的铁路建设的兴趣，因为那里的交通收益不会很高，并且对长途交通的意义不大。

　　普鲁士压制私营铁路公司的政策遭到铁路用户、特别是工业巨头的严厉批评。运输成本不断下降的原因在于铁路公司之间既有的竞争。与巴伐利亚不同的是，普鲁士铁路公司没有区域垄断权，所以货运客户在长途运输中几乎总是能够在相互竞争的公司之间作出抉择。

　　当自由派于 1858 年在普鲁士国家议会选举中胜出后，保守的曼托菲尔①政府被自由派的政府所取代，而负责铁路政策的商务部长奥古斯特·冯·德·海特则又留任了数年。尽管如此，他被迫大幅减少国家对铁路事业的参与。稍后爆发的宪法冲突没有对此产生任何改变。相反，这甚至成为这场冲突的一个特征，即奥托·冯·俾斯麦总理——他在没有预算的情形下，围绕军队改革与自由党占多数的国家议会展开斗争并执掌政府大权——在经济和贸易政策问题上为向多数派妥协和让步而做出了巨大努力。在铁路政策方面，他甚至能够动用伎俩使自由党陷入特别困难的境地。由于自由党越来越强烈地要求将铁路系统去国有化，从而使得俾斯麦在没有预算的情形下更易于执政。特别是鉴于当时的国内政治形势，如果不出售铁路股份，即很难为 1864 年对丹麦的战争和 1866 年对奥地利的战争

19 世纪 60 年代的"去国有化"

---

① 奥托·特奥多尔·冯·曼托菲尔（Otto Theodor von Manteuffel, 1805—1882），普鲁士保守派政治家，早年在哈勒大学学习法律，1848 年担任普鲁士内政部长，并负责起草 1848 年宪法，1850—1858 年间担任普鲁士首相。——译者注

筹措资金。

普鲁士国家出售铁路股份主要是出于财政目的。作为普鲁士商务部长冯·德·海特的继任者，海因里希·冯·伊岑普利茨[1] 推行的为私营铁路公司颁发许可证的做法在经济政策方面更为重要。他的政府完全顾及自由党的利益，通过成立新的铁路公司进一步增强了竞争的激烈性，并受到货运大客户旗帜鲜明的欢迎。

埃森矿业协会董事会关于铁路竞争加剧的表态

阿道夫（E. Adolph）著，《鲁尔区的采煤业：运输及铁路费率政策》，载于《铁路文献》（第 50 期，1927 年），第 719 页。

在铁路管理部门的圈层，尽管有诸多未曾实现的愿望，但一些年来对煤炭开采工业的自愿妥协是不可否认的。此种氛围变化的主要原因无疑是日益激烈的竞争，这使得生产商最终可以依据向其提供的不同运输条件的报价，转而使用不同的铁路线路用于其产品的运输，特别是莱茵铁路加入鲁尔区的轨道网络对该地区的交通状况产生了立竿见影的积极影响。

萨克森的铁路国有化

由于同一时期萨克森推行了完全相似的政策，几乎整个德意志北部都被一张由相互竞争的铁路线路组成的网络所覆盖。这场竞赛进一步加快了（铁路）建设步伐。然而，在 19 世纪 60 年代被授予许可的线路全部开通之前，"初创热潮"带来的经济萧条导致交通收入的急剧下跌。对于许多规模较小的铁路公司来说，这场危机

----

① 海因里希·冯·伊岑普利茨（Heinrich von Itzenplitz, 1799—1883），普鲁士政治家、自然科学家、律师，出生于大庄园主家庭，1862 年担任普鲁士贸易部长。——译者注

对其生存构成了严重威胁——尤其是在并非所有线路都开通的情形下。为了避免众多私营铁路公司倒闭，萨克森政府于 19 世纪 70 年代中期收购了萨克森的私营铁路，相较于新成立的帝国及其首相冯·俾斯麦侯爵——他打算将德国的铁路收归帝国国有——的努力，终究抢先了一步。

19 世纪 70 年代末，经过激烈的政治斗争，普鲁士也效仿萨克森，逐步将最重要的铁路公司国有化。有关费率缺乏透明度、建设方式缺乏统筹、行车时刻表缺乏协调以及在开发铁路过程中对周边地区的忽视，最终引起了许多实业家的反思。尽管如此，对国家强有力地参与经济活动的不信任仍然普遍存在。

奥托·冯·俾斯麦对国家经济行为的论述

齐格勒著，《铁路与国家》，第 187、223 页。

一方面，巴伐利亚、符腾堡、巴登和萨克森凭借其（……）拥有国有铁路的所有权，对其铁路在建造、运营和管理方面享有更为统一的设计，另一方面，普鲁士的铁路网络被划分为 63 个独立区域，隶属 50 个董事会，包括 49 家私营铁路公司及其 40 个左右的董事会。但是，（……）私有企业对铁路网络的分割及其（……）投机倾向——除诸多其他弊端外——还带来下述恶果：运营成本和费率的非必要增加，主要归因于不计其数、开销昂贵的管理部门（……）、生产资料的利用率不高以及多余的双层建筑；（……）铁路在用于日常交通和国防目的时缺乏效率；混乱不堪的费率（……）；由于不合理的竞争利益导致火车和交通往来中的直接连接陷入瘫痪。

> **企业家古斯塔夫·冯·梅维森[①] 对国家经济行为的论述**
>
> 对这个庞大的、连同其家庭成员多达 200 万人口的公务员和工人群体行使支配权，定然会产生巨大的权力空间，而这一群体正在广袤的领域主宰着我们人民的生产和分配活动！如此巨大的权力集中在一个人的手中，有可能破坏德意志帝国力量的和谐，而且对可能由此会在经济领域再次唤醒专制主义——欧洲的文明国家在政治领域经过艰苦卓绝的斗争后方才将其限制于牢固的宪法屏障内——的恐惧近在咫尺。

普鲁士的铁路国有化

事实上，自 19 世纪 80 年代以来，普鲁士政府一直致力于在私营铁路公司因可预见的交通收入微薄而表现消极的领域加密铁路网。国有铁路的建设成本由普鲁士的国有铁路在第一次世界大战前赚取的丰厚利润予以担负。另外，降低费率的时代已然结束。生产力的进步几乎不会再以降价的方式传导给客户，而是对无利或少利可图的铁路线路进行投资，政府希望以此刺激区域经济的发展。

尽管德意志南部地区主要由国有铁路实施开发，但竞争的观念加速了铁路的建设。然而，在美因河以南地区，除少数特例外，相互竞争的不是私营铁路公司，而是德意志中部地区诸邦国的国有铁路系统。尤其是巴登、符腾堡和巴伐利亚试图引导尽可能多的交通线路经由其领土，并不惜一切代价避免绕行。因此，每个国家都致力于成为首个与北方设立连接铁路的国家。类似于私营铁路的建设，

---

① 古斯塔夫·冯·梅维森（Gustav von Mevissen，1815—1899），德国政治家、企业家，以纺织业起家，后投资铁路建设和重工业，并将赚取的利润创办了多家银行，成为德国信贷和保险系统的先驱，在政治上信奉莱茵兰自由主义，先后在莱茵省议会、法兰克福国民议会、普鲁士上院担任议员。——译者注

在此方面的统筹协调明显不足。至19世纪50年代初，已建成3条平行的南北线路。然而，这3条东西线路中的一条就耗费了近十年的时间。

然而，与普鲁士的国有铁路相比，德意志南部诸邦国的国有铁路在德意志帝国时期的收益并不高。因此，南方在铁路网络的密集化方面稍稍落后于北方。但不可否认的是，德意志南部诸国和萨克森也尝试过通过在交通基础设施领域提供预付服务，为周边地区在工业化方面的追赶作出贡献。出于上述原因，直至第一次世界大战之前，整个德意志的铁路建设步伐仍然相当迅速，尽管它在帝国时期无法再像1850至1875年间那般发挥"火车头的功能"。

（二）煤炭开采

铁路时代对能源需求的不断增长无疑是煤炭开采增长的一个关键因素。然而，在前自由主义"特许采矿权"的制度性框架条件下，是否真的能够像19世纪30年代以来那样，特别是在鲁尔区以及上西里西亚，但也包括萨尔、下西里西亚、萨克森和亚琛的其他煤炭矿区，通过需求的增加实现增长动能，似乎值得怀疑。

正如土地和劳工权利的自由化是农业革命的必要条件一样，采矿权的自由化也是铁路时代实现国内能源充分供给的必要条件。然而，与农业和工商业不同的是，采矿业最初并未受到19世纪初重大改革的影响。授予领地所有人对其土地上现有矿藏唯一处置权的特许采矿权未曾受到任何触及。在此之后，领地所有人可以将采矿权授予有关各方并向其征收捐税，但一个自由的企业主在此种条件下无法获得发展。

特许采矿权

关于克利夫公国、默尔斯公国和马克伯爵领地的采矿规章（修订版），第二十九章

布拉瑟特（H. Brassert）主编，《普鲁士国家采矿规章》，科隆，1858年，第856页。

由于经验表明，如果让热衷于采矿业的人对被准许和被默许的工程独自进行施工，而在此过程中不得不主要依靠（……）经验极度匮乏的工人、工头和领班（……），将会对前者带来多么大的损害和不利。为了实现盈利，未来的所有矿山都将在矿业办公室的指导下统一运营，并由这些办公室结算收费，并且一旦某一座矿山被授予开采权并得到确认，即由该办公室予以接收，并根据矿山的资源禀赋和状况安排相关建设工程，同时任命和管理必要的工人、工头和领班（……），并在核销成本时提供额外补助资金。

即使对鲁尔区的普鲁士部分适用的采矿规章以及对克利夫公国、默尔斯公国和马克伯爵领地适用的采矿规章修订版（1766年）均未能对该原则作出丝毫的改变。在领土重组后，该原则还拓展至18世纪尚未归属普鲁士的矿区，并且将其效力一直维持至1850年基本不变，尽管此时该原则已经具有明显的重商主义特征。

在西里西亚，法律状况基本相似，但总体上要复杂得多。哈布斯堡王朝已经声称拥有那里的特许采矿权，但遭到了大地主们的反对，后者坚持其旧有的权利。西里西亚被普鲁士吞并后，该地区并未像后来的鲁尔区那样受到统一的对待，而是赋予特定统治阶层特殊的权利。例如，普鲁士政府于1824年放弃对普莱斯的统治者——他于19世纪的前25年在上西里西亚拥有产量最高的矿井——

的采矿事务施加任何影响，而另一方面，君主特许采矿权则适用于迅速追赶的格莱维茨矿区。因此，即使普莱斯统治区域之外的私人矿井也要求废除君主特许采矿权，并且通过司法渠道基本上得以付诸实施，这一点也不足为奇。因此，在 19 世纪 50 年代和 60 年代的自由采矿权改革之前，上西里西亚的矿井中既有国家经营的，也有私人运营的。

萨尔的情形又有所不同。该国的君主威廉·海因里希·冯·拿骚－萨尔布吕肯（Wilhelm Heinrich von Nassau-Saarbrücken，1718—1768）于 1751 年将煤炭开采权完全上交国家所有，并于 3 年后禁止私人从事任何采煤活动，违反者将被处以严厉的惩罚。萨尔被法国吞并后，于 1791 年引入法国采矿法，这也使得私营经济能够经营煤炭矿井。但实际只有一座矿井被私有化。1810 年法国矿业权改革对萨尔地区几乎没有任何影响，因为萨尔的矿业仍然主要归属国有。因此，直至普鲁士时期的 1865 年，（采矿权的国有化）仍然有效。

除国家行为外，采矿业是最早发展出永久性协会模式的经济部门之一。鉴于为开采地下可能蕴藏的煤矿而建造坑道关乎极高的风险，所需投资通常远远超出单个企业家的财务能力。为此，多个主要以采矿为副业的小企业主联合起来组成了矿业公会。

矿业公会

这是一种合作社性质的社团形式，投资和运营成本以及收入由股东（"合作社社员"）按比例分担。担保的责任是无限的，所以一旦收入不足以覆盖支出，合作社社员必须自行填补这一亏空（"额外补助资金"）。普鲁士的矿山所有权通常分为 130 股（"矿业股份"），其中的 128 股由有义务缴纳额外补助资金的合作社社员持有。君主享有两份免费的股权。

领导原则　　在近代早期，私人从事煤炭开采的风险不仅由多人分担，而且也是有限可控的，因为企业并非由股东（"合作社社员"），而是由矿业主管部门经验丰富的专家进行管理（"领导原则"）。根据适用于普鲁士诸联邦的《通用邦法》（1794 年），唯有在做出投资决策时才会征询合作社社员的意见。一片矿区内矿井的定价并非通过竞价决定的。相反，矿业主管部门根据等级确定煤炭的价格，以使得区位不占优势的矿井也能够获得市场机会。

随着燃料需求的不断增长，传统的坑道建设已不再适合实现增长和盈利的机会。19 世纪 30 年代，在当时鲁尔区最大的矿区，已经开始通过竖井从地表深入到煤层进行开采，而不再像以往那般通过坑道经由斜坡开采。在此过程中，必须打穿蕴藏煤矿的富含地下水的泥灰岩岩层。用于抽水和在竖井中开采煤炭所必需的蒸汽机需要一笔极其昂贵的投资，而相关的技术流程早已为人所知。在上西里西亚，第一台蒸汽机早在 18 世纪末即投入运行于塔诺维茨的铅矿。不久之后，第一台蒸汽泵也在德意志西部的乌纳附近的萨林 – 科尼斯伯恩 [①] 投入使用。然而，鉴于此后于煤矿开采中使用蒸汽泵的多次尝试并未取得成功，所以矿业主管部门未再大力推行这项技术。

1825—1850 年间，一些大的合作社社员同矿业主管

[①] 早在 1730 年前后，即在该地区发现了富足的盐矿，从而为鲁尔区的煤炭开采奠定了基础。——译者注

部门之间发生了激烈的冲突。鲁尔区是上述冲突的焦点区域，那里的一些势力较大的合作社社员、崇尚市场原则的大批发商和企业家，诸如弗利德里希·哈科特、弗兰茨·哈尼尔[①]和马蒂亚斯·斯汀尼斯[②]，已经不希望其矿井的投资政策再听从犹豫不决的官员们的发号施令。在此问题上的冲突路线与 25 年前在工商业自由问题上的十分相似。实力雄厚的合作社社员得到了官僚机构主要部门，特别是来自上级的省一级行政部门的支持，弱小的合作社社员则出于对自由竞争所带来后果的担心而反对"自由采矿权"的要求，并在这一问题上得到了大多数矿业主管官员援引"国家经济利益"而表明的支持。

　　虽然领导原则的反对者并没有在 18 世纪 30 年代实现对采矿法规的任何改革，但无论如何这项领导原则得到了弱化，即矿业部门的指令更多地被阐释为建议，而非必须被无条件执行的指令。在此背景下，1832 年在鲁尔区的埃森首次成功穿透了含水的泥灰岩岩层并在地下挖了一座竖井。

　　在上西里西亚和萨尔的情形则有所不同，政府对那

———————

①　弗兰茨·哈尼尔（Franz Haniel，1779—1868），德国企业家，被誉为鲁尔工业区崛起的先驱，21 岁即创办了自己的首家企业，从事煤炭贸易和航运，并逐渐将业务拓展至矿业开采，凭借泥灰岩竖井这项创新工艺开创了现代鲁尔矿业的先河，后又陆续建造蒸汽机、船舶、蒸汽机车、铁路和桥梁，从而为鲁尔地区的工业化进程做出重大贡献。——译者注

②　马蒂亚斯·斯汀尼斯（Mathias Stinnes，1790—1845），德国商人、船东，从小即作为父亲的帮工从事航运业，18 岁创办自己的企业从事煤炭贸易，后组建贸易船队，至去世时已经拥有多达 60 余艘商船。——译者注

里的影响力甚至比对鲁尔地区还要强大。然而，在煤炭开采的第一个繁荣时期，当上西里西亚的矿区上升为德国第二大矿区时，其国有矿井的重要性却显著下降。1806 年，在所有矿井的开采量中，国有约占 40%，合作社经营为 60%。然而，至 1860 年，国有矿井的产量已降至近 20%。国有矿业仅仅在萨尔地区站稳了脚跟。19 世纪上半叶，那里仅有一座非国有矿井。形成对比的，普鲁士（和巴伐利亚）的国有矿业占该矿区煤炭开采量的 90% 以上。

关于一座矿井共同所有人关系的法律（1851 年 5 月 12 日）
《普鲁士邦国法律汇编（1851 年）》，第 265 页

　　一座矿井共同所有人（合作社社员）之间的关系须依据由其签订的协议予以判定（……）。合作社社员的表决权取决于其持有的股份，而非人数的多少。（……）如果一座矿山被授予多人，（……）这些人有义务任命一名代表（……），（或者）从他们当中推选出一个由 2 至 5 人组成的矿井董事会（……）并告知矿业主管部门。

　　这代些表或矿井董事们负责（……）处置以下事务：与矿业主管部门谈判、（……）选举矿井主管官员、（……）雇佣和解雇工人、（……）参与对矿井产品销售价格的确定。

普鲁士共同所有人法（1851 年）

　　直至 1851 年，随着共同所有人法律的出台将领导原则最终废除，对"自由采矿权"的捍卫方才取得突破。同时，由于矿业主管部门不再需要承担商业和技术领域的任务，致使开支大幅减少。较为弱小的合作社社员出于缺少适合于自身的技术和商务人员，并不急于"获取自由"，这一事实表明"自由采矿权"更多只是财大气粗的合作社社员追求的目标。埃森－波鸿这一区域的改革实施一年多

后，只有 15 座矿山将管理权收归己有，而 137 座矿山，其中大多数的规模较小，仍由矿业主管部门经营。

即使对于势力强大的合作社社员来说，公司经营权的接管也还没有实现"自由采矿权"。因为即使如今的定价基于竞争市场的规则，工资仍然是由矿业主管部门设定的。在被涉及的矿工的强烈抵制下，普鲁士矿业直至 1860 年方才通过所谓的自由迁徙法将自由的劳工合同付诸实施。

1865 年的《通用采矿法》为普鲁士采矿权的改革进程画上了句号，该部法律实质上将矿业主管部门的职权主要局限于矿业警察的监管。与之带来的变化是，"依据领导原则，矿业主管部门在其授予的矿产资源的使用和管理方面扮演了能起到主要决定作用的角色，而如今取代领导原则的是单纯的'检查原则'"，正如 1904 年的一份纪念刊物一针见血地指出来的那样。自那时起，唯有当对上述资源财产肆无忌惮的使用危及建筑安全、工人的生命和健康以及地表时，并且将会带来诸如地下水位下降等采矿业常见的灾难性后果，矿业主管部门方才对此采取遏制举措。

拥有采矿权的所有人结成合作社的企业形式几乎无法适用于深井采矿所需的投资。作为主张财产的权力，矿产股权几乎是恒定不变的。在当地小的矿产股东仍然身体力行地在坑道内劳作的那个年代，除继承外，几乎没有必要转让所有权。然而，随着采矿活动和商业活动的分离，为所有权转让提供便利的需求增长了。当深井作业需要大量外部资金时，这一问题显现得尤为紧迫。对于潜在的投资者来说，矿产股权的可转让性以及一个矿产股权市场的诞生对于投资决策的重要性越发凸显。此外，每个单独的矿产股权所有者须对作为一个整体的该矿产的所有共同所有

合作社社员的新权利

者承担无限连带责任。鉴于与之相关联的风险，每个矿产股权所有者或者希望由行事谨慎的矿业主管官员负责经营公司，或者必须由他本人亲自紧密参与公司的运营。在此情形下，外来者极度不情愿冒着风险投资采矿业。毕竟，每个矿产股权所有人只能够以个人的名义抵押其股权，但无法将合作社作为一个整体予以质押，因为该合作社作为法人实体压根儿就不存在。这也加剧了获得信贷的难度。

1851 年的《共同所有权法》也对其中的一些短板进行了改革。通过授予矿业公司使用其财产的权利，该法案使得合作社社员同时也成为法人实体。尽管如此，在 19 世纪 50 年代，许多矿业企业致力于获取成立股份公司的许可证。但即使是此种企业形式最初亦被证明并非足够完善。根据 1843 年《普鲁士股份法》，授予成立股份公司的许可证是以该公司符合公共福利的更高利益为前提条件。

持续的投资阻碍　　至于如何界定符合公共福利的更高利益，在很大程度上由审批部门自行决定，并且在 1843 年后至 1870 年对《股份法》实施自由化的这段时期内，与之相关的阐释也截然不同，但大多遵循制约性的政策。由于股票市场无论如何都会出现较大的周期性波动，因此这种波动性的许可证实践对初创企业以及股票的繁荣发展起到了推波助澜的作用。通过此种方式，诸多投资者于繁荣阶段购入矿业公司的股份，他们既与这些公司毫无关联，也不打算长期持有其股份。他们只是出于对股票价格上涨的预期而认购了矿业股票。一旦预期的情形发生，他们即会通过再次出售股票来实现行情上涨的盈利。如果因为过高的预期心以及矿业股票开始逃离市场而致使欣欣向荣的景象分崩离析时，即很难从资本市场上筹集到新的资金。如果此时规划中的深层矿山的建设成本高于预期，矿井的建成且具备开采能力的时间即会被大大延迟，进而危及整个投资。另外，这也会使股份公司的信用度出现塌方式下降。

鉴于上述困难，不计其数的矿业企业家于 19 世纪 60 年代再次回归到采矿权合作社，后者能够借助额外补助资金更好地度过危机岁月。然而，1851 年的改革不足以将此种类型的公司转变为股份公司的真正替代。因此，为了大资本家的利益，政府于 1865 年批准了一种新型的合作社，其股权虽然在发生损失时仍然必须由合作社社员缴纳额外补助金，但这为获得信贷提供了极大便利。

如表 3-3 所示，普鲁士采煤业的腾飞早在 1851 年第一次自由化步伐之前即已开始。在 18 世纪 30 年代的后 5 年和 40 年代的前 5 年，强劲的增长趋势俨然显而易见。如此早期的年代或许只能通过以下事实加以阐释：随着深井开采的启用，先前即存在的需求能够得到满足。在这一时期，通过建造铁路改善运输条件和降低运输成本并进而拓

生产的增长

表 3-3　1817—1910 年普鲁士的煤产量

年份	百万吨	增长率	年份	百万吨	增长率
1817	1.0		1865	18.6	80%
1820	1.0		1870	23.3	25%
1825	1.3	27%	1875	33.4	43%
1830	1.4	9%	1880	42.2	26%
1835	1.7	21%	1885	52.9	25%
1840	2.5	46%	1890	64.4	22%
1845	3.6	43%	1895	72.6	13%
1850	4.0	14%	1900	102.0	40%
1855	7.9	96%	1905	113.0	11%
1860	10.3	30%	1910	144.0	27%

表 3-4　各大矿区在普鲁士煤产量中的比重（%）

年份	鲁尔	奥德	萨尔	其他
1820	40	14	13	33
1830	39	15	18	28
1840	38	22	19	21
1850	40	24	18	18
1860	41	24	21	14
1870	50	25	18	12
1880	53	24	14	9
1890	55	26	12	7
1900	59	24	11	6

上述表格仅统计了普鲁士的采煤业，因为自 1860 年起方才有了德意志关税同盟地区的数据。由于在 19 世纪下半叶除普鲁士外的煤产量仅占关税同盟总产量的 10%，因此可以假定普鲁士的数据在一定程度上代表了整个关税同盟。普鲁士以外唯一值得一提的矿区是西萨克森矿区，除此之外，仅仅在绍姆堡、迈宁根、巴登、巴伐利亚和莱茵－普法尔茨地区蕴藏少量的矿产。19 世纪上半叶，上述矿区的比重大约在 10% 到 20% 之间。
资料来源：R. 班肯（R. Banken）的个人统计，参见《萨尔地区的工业化》，第 2 卷，附录：表 A8。

展市场还不可能成为强劲增长的动因。因为在最初的铁路项目中根本没有考虑将煤炭运输纳入其中，并且直至 19 世纪 50 年代仍然只有极其缓慢的发展。对于大幅拓展销售市场而言，运费实在过于高昂。然而，鲁尔区和上西里西亚的煤炭后来受益于传统客户对运输服务的需求（贸易货物和客运）为线路的建设提供了充裕的交通收入保障。随后生产率的提升使得运费的降低成为可能，这也使得铁路对煤炭等廉价大宗货物具有吸引力。

《共同所有权法》的制度创新也还不能作为这种最初腾飞的理由。因为该法案于 1851 年方才颁布。就这方面来说，经济历史学家卡尔－路德维希·霍尔特弗里希[1]——他确定早在 1825—1850 年间即出现了企业家拥有比矿业官员更大的自主权的趋势，因而将改革法案阐释为对业已广泛存在的实践的补偿性的制度化——对鲁尔区的评估很有见的。

然而，将鲁尔区与普鲁士另外两个重要的矿区萨尔河畔和上西里西亚——那里分布着许许多多国有矿井——进行比较，显示出普鲁士矿业管理部门对 19 世纪 30 年代深井开采的创新也持相当开放的态度。例如，早在 1816 年，萨尔河畔的普鲁士矿业官员即意识到，在少数矿井，只有采用深井作业和使用蒸汽机才能继续开采煤炭。因此，早在 1826 年，普鲁士财政部即在那里建造了第一座深坑竖井。在此之后，30 年代和 40 年代出现了更多的深坑竖井，因此至 1850 年，普鲁士的国有采矿业已经拥有 6 座矿井和 12 座深坑竖井。

矿业管理部门的角色

上西里西亚的采矿条件比其他地区优越得多。因此，每吨约 4 马克（1850 年）的开采成本明显低于萨尔和鲁尔矿区，那里同时期煤炭的开采成本约为每吨 6.25 马克。然而，在最初阶段，这一有利于采矿的地质结构最初在很大程度上被上西里西亚不利的地理位置以及矿区外消费者的高运输成本所抵消。归因于借助铁路与矿区连接以及煤炭运输成本的降低，才能开辟矿区以外的更大市场。

德国采煤业于 19 世纪 50 年代和 60 年代取得了有史

19 世纪 50 年代的蓬勃发展

---

[1] 卡尔－路德维希·霍尔特弗里希（Carl-Ludwig Holtfrerich，1942—　），德国经济学家，先后在法兰克福大学、柏林自由大学任经济学教授，哈佛大学和伍德罗·威尔逊国际学者中心访问学者，专注于研究世界经济史，代表作《德意志银行史（1870—1995）》《1914—1923 年德国通货膨胀》《20 世纪的国际金融史：制度与无政府状态》等。——译者注

以来最为强劲的增长。1848 年至 1864 年间，德国分布在莱茵兰－威斯特伐利亚、萨尔河畔、萨克森和西里西亚的 6 个最为重要的煤田的采矿从业人员几乎增长了 2 倍，达到近 10 万名矿工。由于引入新技术的同时也显著提升了劳动生产率，同期煤炭的开采量甚至增长了 4 倍多。

　　19 世纪 50 年代头 5 年增长的最主要动力可以归因于采矿权的自由化。在此期间，普鲁士的产煤量几乎翻了一番。在经历了 19 世纪 50 年代末短暂而严重的危机之后，普鲁士的煤炭产量于 19 世纪 60 年代上半叶再次大幅增长（见表 3-4），而这一次鲁尔区的增速大大超越了普鲁士的所有矿区。在 19 世纪 50 年代的经济繁荣时期，普鲁士所有 3 个大型矿区均以大致相当的速度向前推进，并将所有其他矿区远远甩在了后面。另外，在 19 世纪 60 年代，只有上西里西亚能够在普鲁士的煤炭产量中保持 25% 左右的份额，而鲁尔区则得益于所有其他矿区份额的下降（见表 3-4）。

铁路的重要性　　鲁尔区以及上西里西亚地区（较前者有一定差距）的繁荣归因于铁路对采煤业的重要性的日益凸显以及由此带来的市场拓展。自 19 世纪 50 年代以来，通过降低煤炭运输成本，西里西亚的煤炭最先将从英国进口的煤炭成功地逐出了德国的中部市场。自 60 年代以来，鲁尔区的煤炭也占据了德国的中部和北部市场。至德意志帝国建立时，英国的煤炭只能在沿海城市成功地与德国本土煤炭抗衡。与此同时，德意志关税同盟成为欧洲最大的煤炭出口国之一。因此，煤炭出口不仅抵消了 19 世纪下半叶来自英国的煤炭进口，而且在一定程度上还实现了巨大的出口盈余，从而促进了贸易收支的改善。

（三）钢铁工业

自中世纪晚期以来，西欧的钢铁生产分两个阶段。第一阶段包括将铁矿石熔炼成生铁。然而，此种金属不适合大多数技术应用。它质脆易碎，所以既不能锻造，也不能轧制。为了终端使用，必须对生铁进行加工，通过氧化（"精炼"）提升金属的铁含量，并减少尤其以碳含量为主的杂质。传统上，碳含量的降低是通过锤炼加以实现的。依照今天的理解，如果碳含量减少至低于 1.7%，此种材料即被称作"钢"。然而，依据那个年代的理解，"钢"的碳含量约为 1%。如果碳含量超过 1.6%，则为"铸铁"，如果碳含量远低于 1%，则为"熟铁"。

19 世纪初，铁的生产在德国广泛分布于各个地区。通常情形下，靠近铁矿床的空间位置和拥有廉价的木材是选择生产地点的决定性优势。对于铁的加工来说，河流和较大的溪流是落地的先决条件，因为需要水力作为锻造的动能。因此，铁的生产和加工主要集中在森林茂密、水资源丰富的低山地区，例如洪斯吕克①、埃菲尔、图林根森林、厄尔士山②、哈尔茨山、绍尔兰③、西格兰以及邻近的拉恩河流经的拿骚区域。

这些生铁生产和加工的中心都是小型作坊。唯有一处例外。早在 1766 年，上西里西亚的采矿业即不受特许采

前工业时期铁的生产

---

① 德国中部莱茵高地最南端的山区。——译者注

② 德国和捷克边境的山脉，以盛产各种金属矿产和高岭土而闻名。——译者注

③ 位于北莱茵－威斯特伐利亚地区鲁尔河的北岸。——译者注

矿权的约束。在国家行政部门的大力支持下，那里的大地主（其中许多为贵族）对制铁产生了浓厚兴趣，特别是上西里西亚拥有富足的木材资源。早在 1804 年，上西里西亚即有 49 座高炉和 158 座炼炉。19 世纪上半叶，上西里西亚的生铁产量可能占普鲁士生铁产量的三分之一以上。尽管早期的数据十分零散，但没有其他产铁地区哪怕能够接近这一数值。

在上西里西亚，高炉仍然还是只能以木炭助燃，这与德意志所有其他产区一样。1796 年，在格莱维茨的国有冶炼厂使用苏格兰**焦炭高炉**进行的首次实验宣告失败，所以此种在英国早已成功实践的生铁制造方法最先并未得到进一步的推广。

焦炭

煤炭的焦化是 18 世纪初在英国发展起来的。1740 年，首次往高炉装入焦炭。煤炭本身不适合作为高炉炼铁的燃料，因为以此方式生产的铁会受到烟雾和烟灰的污染。因此，在铁的生产过程中用煤炭替代木炭需要一道中间步骤，即将煤炭加工成焦炭：在焦化厂中，在气体密封的情形下对煤炭进行加热，用以除去挥发性的成分。高碳成分的焦炭仍然作为固定的要素。

直至 1870 年左右，开采的煤炭中只有一小部分被加工成焦炭，因为炼焦过程会损失三分之一的煤炭。19 世纪 70 年代，在冲天炉中使用自有气体进行焦化大大降低了煤炭损耗，以至于自此之后高达 15% 的煤炭开采均用于生产焦炭。自 19 世纪 80 年代以来，多余的气体甚至也得到了回收利用。自 19 世纪中叶以来，焦炉煤气一直作为"城市煤气"被用于照明和供暖，至 20 世纪之交还被用作燃气发电机的动力以生产电能。

早在 18 世纪，即于后来的鲁尔区和萨尔河畔建造了最初的炼铁厂。然而，囿于铁矿石和木炭都无法以所需的数量持久获得供给，鲁尔河畔的生产起步缓慢。因此，在矿业当局的指令下，于世纪之交首次用煤炭进行了实验。但这次实验也以失败告终，之后的一段时间没有再作进一步的尝试。

在萨尔河畔，大多数炼铁厂在法占时期以前都归属地方君主所有，但由佃户负责经营，国家当局寻求提高煤炭的使用率，以减少木材的消耗。在这些尝试被证明不成功后，法国占领者通过特许权的授予和煤炭的使用率绑定在一起以及加大获取木材的难度，强力推动更多地使用煤炭。

总而言之，德国钢铁工业的技术水平在 19 世纪的前 25 年里几乎没有任何提升。鉴于大多数生产基地均不乏木材供给，而且总体需求仅略有增加，所以在最初阶段缺少决定性的推动力。因此，在铁路时代到来的前夕，英国在技术方面的领先优势比以往任何时候都大。在那里，焦炭高炉早已取代了基于木炭的冶炼，而钢铁的生产则采用引入大型轧机的**搅炼工艺**，可以将钢材轧成钢轨。

英国的领先优势

搅炼工艺

亨利·科尔特[1]于1784年获得专利的搅炼工艺代表了钢铁生产结构——高炉、精炼厂、轧机——中的中间加工阶段。其目的在于使用廉价的煤炭进行精炼，同时不与燃料产生直

[1] 亨利·科尔特（Henry Cort，1740—1800），英国工业家，早年为海军军火供应商，后转而从事冶铁工业，在普利茅斯附近拥有锻炼炉和轧钢厂，注重技术创新，先后发明槽型轧辊和搅炼工艺，该项创新使此后 20 年间英国生铁产量增加了 3 倍，故有英国"冶铁业之父"之称。——译者注

接接触。因此，搅炼炉有一座火桥将生铁与煤炭分离。为了使火焰发挥其氧化作用，必须使用搅拌机的搅棒在铁水中强力搅拌。这种在高温效应下的艰苦作业是工业史上对健康损害最大的活动之一。搅拌工的平均寿命都很短暂。

脱碳使铁凝固成糊状。在此基础上挑选出较大的碎片，先用锤子将其锻造成型。随后，将其在与之关联的轧机中加以轧压。被校准的轧辊既可以作牵引工件，又可以对其塑形，例如塑成轨条的形态。通过搅炼和轧压，英国建立了钢铁工业，能够在短时间内满足铁路公司的大宗需求。

钢

然而，随着铁路的建造，德国的情形也发生了根本性的变化。因为虽然 19 世纪前 25 年德国人均每年的铁需求量仅为 4 千克左右，但到了 19 世纪中叶，仅仅修建一千米双轨铁路即需要大约 160000 千克的铁。然而，至 1826—1850 年间，来自铁路的第一次需求推力并没有刺激到钢铁工业的第一个加工阶段，即生铁的生产，而只是刺激了它的第二阶段，即钢的生产。

进口替代（铁轨）

当德国建设第一条铁路线路时，其所需的钢轨仍然必须从国外进口，此后，在令人吃惊的极短时间内，德国制造的钢轨即可满足快速增长的需求。因此，铁轨可以被视为德国工业史上第一个成功的进口替代的案例（参见表 3-5）。

随着鲁尔、萨尔河畔以及上西里西亚铁路的建设，垂直一体化的搅炼厂和轧机厂迅速相继出现。然而，直至 19 世纪中叶，为此所需的生铁仍然大量依赖进口。特别是在德意志西部，从英国和比利时进口更便宜的焦炭生铁并再次用加工是不言而喻的，尤其是 1844 年之前的进口都是免税的。鉴于这一发展状况，传统的产铁地区落在了后面。原因在于，这些地区坚守用木炭进行冶炼，因为木材供给是其最重要的区位优势。然而，当唯有基于焦炭才能大规模生产铁的时代开启时，不仅其原有的区位优势所发挥的作用越来越不重要，而且与鲁尔、萨尔河畔以及奥德等煤炭资源富饶的地区相比，低山地区囿于交通技术导致的开发困难甚至演变成为一个决定性的区位劣势。在传统的小型炼铁厂中，只有西格兰能够长期坚守自己的产地地位。这也与其在空间上邻近鲁尔区以及由此可以获得相对便宜的煤炭有关。然而，国家对该地区的支持至少具备同样重要的意义，而这种支持很早即以对国有化的铁路赋予特别关税的形式呈现出来。

表 3-5　普鲁士铁路铁轨的产地（%）

年份	关税同盟	英国	比利时	奥地利
1843	10	88	2	
1851	31	67	2	
1852	43	56	1	
1853	48	51	1	
1854	58	41	1	
1858	61	38	1	
1863	85	13		1

资料来源：R. 弗雷姆德林，《技术变革与国际贸易》，表 57，第 330 页。

保护德国钢铁生产免受来自英国和比利时的明显压倒性的竞争是德国工业化史上在海关政策方面最先也是最重要的存有争议的问题之一。事实上，自 1844 年以来，对生铁一直征收 25% 的关税。这打破了普鲁士改革时期海关政策的旧理念，即对工业所需的重要的原材料和半成品不得征收保护性的关税。然而，此种关税保护不足以挽救传

对生铁的关税保护

统产地的木炭冶炼工业。但另一方面，这也成为其在煤田矿区建立自己的基于焦炭生产钢铁的工厂的动力。在此方面，研究人员就 1844 年对铁征收关税的长期影响完全没有给予负面评价。

表 3-6 清清楚楚地显示了钢与生铁生产的阶段性迁移。一方面，钢铁生产在 19 世纪 30 年代的后 5 年经历了明显的加速，而这一趋势只是被危机四伏的 19 世纪 40 年代后 5 年所打断，但到了 19 世纪 50 年代前 5 年达到最高绝对值的加速度，另一方面，直至 1850 年左右，生铁产量的提升却十分缓慢，同样是到了 19 世纪 50 年代前 5 年方才达到铁的工业化史上的最高增长率。由于此后大约 15 年间生铁产量的增长率一直高于钢产量的增长率，因此可以认定自 19 世纪中叶以来，生铁进口已越来越多地被关税同盟生产的生铁挤出了市场。事实上，在国内的生铁消费方面，进口份额从 1850 年的 34% 下降至 19 世纪 60 年代后 5 年的 10% 略多一些。在此期间，生产力也取得了重大进步，因此进口铁的成本优势在很大程度上可以被德国的冶金工业赶超。

钢的规模化生产

凭借贝塞麦工艺，19 世纪 60 年代也是钢铁生产取得技术进步的重要十年。阿尔弗雷德·克虏伯（1812—1887）是 60 年代初德国第一位专利获得者。但掌握这一工艺又耗费了近十年的时间。该工艺随后于 70 年代迅速推广，1873 年达到德国钢铁总产量的 15%，1880 年甚至达到 34%。

囿于其投资成本仍然远高于搅炼工艺，所以只有大型企业或有雄厚资金支持的新建企业方才能够使用此种新工艺生产钢材。鲁尔区得益于更容易获取无磷生铁，因而尤

表 3-6 1825—1910 年普鲁士的生铁和钢的产量

年份	生铁（1000 顿）	增长率	钢（1000 吨）	增长率
1825	49		30	
1830	58	18%	41	37%
1835	84	45%	53	29%
1840	108	29%	93	75%
1845	106	−2%	142	53%
1850	135	27%	150	6%
1855	301	123%	317	111%
1860	394	31%	352	11%
1865	772	96%	611	74%
1870	1155	50%	916	50%
1875	1393	21%	1346	47%
1880	2053	47%	1731	29%
1885	2665	30%	2348	36%
1890	3289	23%	3187	36%
1895	3779	15%	4346	36%
1900	5782	53%	6275	44%
1905	7107	23%	8557	36%
1910	9995	41%	10797	26%

资料来源：R. 班肯著，《萨尔地区的工业化》，第 2 卷，附表 A21。

其依赖此项新技术。1873 年，仅克虏伯公司即建造了 18 座贝塞麦转炉，而创建于 19 世纪 70 年代初的贺氏钢铁厂以及莱茵钢铁厂则完全采用了贝塞麦工艺。

贝塞麦工艺

与耗费大量劳动的搅炼工艺相比，贝塞麦工艺——亨利·贝塞麦[1]于1856年取得该项专利——是一种更为机械化的炼钢方法。它可以在20分钟内生产出此前用搅拌法需要24小时生产的同等数量的钢。贝塞麦工艺的原理在于以吹入空气的方式向一个巨大的、配备与之相适的衬壁的大型容器（"转炉"）中浇灌铁水溶液进行精炼。在铁水溶液中被挤压的空气与碳以及生铁中其他不需要的合金物质发生氧化，如同在搅炼炉中发生的情形一样。不同的是，贝塞麦工艺不再需要搅拌机对铁水进行机械搅拌。该工艺的另一个优点是能够在任何尺寸的模具中铸造精炼的铁（"软钢"），而无需将其加工为硬化的铁。贝塞麦工艺的缺点是转炉的衬壁材质导致其无法使用含磷矿石。其后果是，在诸如萨尔等某些矿区无法采用此项工艺，因为那里主要加工含磷的米内特生铁。搅炼工艺一直延续至19世纪80年代初，直至托马斯工艺的问世，后者可以使用米内特生铁生产软钢。转炉的规模和精炼铁的数量使得扩大生产不可避免。这意味着，伴随贝塞麦钢铁厂的建立，轧机厂的产能也必须提高。因此，技术进步倒逼大型企业的涌现以及资本密集度的显著提升。

然而，贝塞麦工艺的引入也增加了对进口生铁的需求。因为在德国只有奥斯纳布吕克附近的乔治－玛丽恩炼铁厂[2]可以提供适合贝塞麦工艺的低磷生铁。因此，贝塞麦钢铁所需要的大部分生铁来自英国，这意味着进口在国

---

[1] 亨利·贝塞麦（Henry Bessemer，1813—1898），英国工程师和发明家，曾因发明用钢铸造奖章而获得巨大财富，1856年发明被其称为"不加燃料的炼铁法"，可以极大降低炼铁成本，后人称之为贝塞麦转炉炼钢法。——译者注

[2] 1856年在汉诺威国王乔治五世及其妻子的支持下创办，1858年建成第一座高炉。——译者注

内消费量的占比于 19 世纪 70 年代再次上升至 25% 左右。直至 80 年代，随着与贝塞麦工艺密切相关的托马斯工艺的引入，生铁的进口份额才再次下降。

与搅炼工艺和焦炭高炉一样，托马斯工艺和贝塞麦工艺也起源于英国。总的来说，多数由英国或比利时的投资者推动的技术转让在德国重工业的现代化中发挥了极其重要的作用。尤其是亚琛矿区和鲁尔区，许多比利时的企业家在那里定居，并带来了技术工人。在萨尔河畔，尽管当地的矿业部门在引入搅炼工艺时不愿意引进外国专家，但私营企业家却有不同的看法，并于 19 世纪 30 年代雇用了英国的技术工人。此外，来自法国的资本在萨尔河畔也扮演着特殊的角色。

技术转让

在上西里西亚，外国专家和投资者的重要性不如德意志的西部。显然，聘用英国专家只是零星的现象。即使是 18 世纪对英国定期开展的调研旅行，到了 19 世纪上半叶更多成为一种例外。德意志西部煤田相对于上西里西亚的技术优势，早在 19 世纪中叶的鲁尔区钢铁工业中即表现得尤为明显，但是否可以用其与西欧在交通方面更为便捷的联系加以阐释，很难予以佐证。然而，如果将不利的地理位置解释为上西里西亚钢铁工业的相对重要性下降的一个原因，那么不仅应当考虑到其与市场的距离以及相对落后的交通运输，还应当考虑到其距离西欧更远，从而远离了最高效的工业以及最优秀的熟练工人和技术人员。

（四）机械制造

德国机械制造的成功故事也始于成功的进口替代。与铁轨相比，蒸汽机车在铁路时代的初期即被进口到德国，例如，在较为老旧的（1841 年前建造的），至 1853 年仍

进口替代（蒸汽机车）

然在普鲁士的铁路上运行的 51 辆蒸汽机车当中，只有一
辆是在德国制造的。在那个年代，英国的蒸汽机车制造商
仍然几乎垄断了全球市场，似乎或许只是比利时的竞争对
手能够形成威胁。然而，德国的蒸汽机车制造商于 19 世
纪 40 年代追赶上了英国的领先地位，所以到了 50 年代，
从国外进口蒸汽机车仅仅成为个例（参见表 3-7）。

表 3-7　1838—1853 年在普鲁士铁路上运营的蒸汽机车的原产国
（依据购置年份）

年份	总数	德国		英国		比利时		美国	
		数量	占比（%）	数量	占比（%）	数量	占比（%）	数量	占比（%）
1838	7	0		6	86	1	14	0	
1839	12	0		12	100	0		0	
1840	12	1	8	11	92	0		0	
1841	20	0		19	95	1	5	0	
1842	22	6	27	12	55	2	9	0	
1843	35	11	31	13	37	3	9	2	9
1844	17	7	41	8	47	1	6	8	23
1845	50	26	52	21	42	3	6	1	6
1846	80	56	70	20	25	4	5	0	
1847	106	72	68	14	13	20	19	0	
1848	74	57	77	11	15	6	8	0	
1849	24	23	96	0		1	4	0	
1850	53	42	79	5	9	6	11	0	
1851	54	54	100	0		0		0	
1852	58	56	96	1	2	1	2	0	
1853	105	99	94	0		6	6	0	

资料来源：R.弗雷姆德林著，《铁路与德国的经济增长》，表26，第76页。

工厂装备　　由于除普鲁士外，德意志所有较大的邦国都修建了
国有主导的铁路，而且各邦国政府都致力于将需求带来的
动力留在自己的国家，因而在德国出现了地理分布极其分

散的形形色色的蒸汽机车制造商：诸如柏林的博尔西格和沃勒特、巴登的凯斯勒（即后来的卡尔斯鲁厄机械制造公司[①]）、符腾堡的埃斯林根机械工厂[②]、巴伐利亚的玛菲工厂[③]、汉诺威的艾格斯托尔福工厂[④]、萨克森的哈尔特曼工厂[⑤]以及黑森选侯国的亨舍尔[⑥]。与此相类似的是，火车车厢的制造也遍及整个德国。鉴于有别于煤炭开采和钢铁工业，机械制造——也包括蒸汽机车和车厢的制造——对区位的依赖要小得多，因而不必集中在重工业地区。然而，这并不意味着那里不会发展机械制造业。恰恰相反，铁路对那里的影响并不是直接的，而是间接的，例如，机械制造专注于为鲁尔区的炼铁厂、钢铁厂、煤矿和焦化厂生产设备。通过这样的方式，主导区域的主导部门的耦合效应

[①] 由企业家埃米尔·凯斯勒与合伙人于 1836 年在收购卡尔斯鲁厄的一家机械厂的基础上创建，1841 年为新建成的巴登铁路提供了首台蒸汽机车，后因投资人破产而成为上市企业，并专注于生产蒸汽机车，波罗的海铁路的首批 3 辆蒸汽机车均由该厂制造，至 1928 年破产总共生产了 2370 辆蒸汽机车。——译者注

[②] 1848 年由德国工程师埃米尔·凯斯勒创办，主要生产蒸汽机车、有轨电车、铁路货车、泵机和锅炉等设备。——译者注

[③] 1836 年由德国工业家里特·冯·玛菲创办于慕尼黑，至 1864 年共制造了 500 台蒸汽机车，此外还制造蒸汽轮船，1930 年破产。——译者注

[④] 1835 年由德国工业家格奥尔格·艾格斯托尔福创办，主要制造蒸汽机、锅炉，1846 年起开始制造蒸汽机车，后历经多次并购重组，成为德国知名工业企业，并更名为哈诺玛格，1989 年被日本小松公司收购。——译者注

[⑤] 由德国企业家理查德·哈尔特曼和奥古斯特·格策创办，1848 年起制造蒸汽机车，1870 年更名为萨克森开姆尼茨机械制造厂，1930 年被清算。——译者注

[⑥] 由德国机械师格奥尔格·亨舍尔及其儿子于 1810 年创办，最初为铸件厂，1848 年制造出首辆蒸汽机车，至 1894 年已经交付超过 4000 辆蒸汽机车。——译者注

即能够极其迅速、极其集约地发挥出来。

正如纺织和重工业的生产区域催生了机械制造工厂一样，其他地区的其他工业类别的集中也可以催生一种虽然是区域性的，但在全国具有重要影响力的机械制造业。例如，得益于优越的土壤条件，马格德堡的博尔德发展成为德国的甜菜种植中心。马格德堡及周边地区的许多机械制造商专门为自19世纪中叶以来建立的制糖厂提供装备。至20世纪初，马格德堡拥有100多家机械制造厂，其中一些是德国最大的工厂。

以马格德堡为发端，一批德意志中部的机械制造厂向南发展，经由德绍和克滕来到哈勒（和莱比锡）。在此过程中，这些企业还专注于生产与农业相关行业使用的其他机械（酿酒设备、烘焙机械、农业机械），使得产品范畴不断多样化。特别是在哈勒，萨克森省南部开启的褐煤开采业对用于露天采矿的运输设备的需求大大刺激了机械制造业。因此，至19/20世纪之交前后，哈勒的机械制造厂的数量几乎与马格德堡不相上下，但与后者相比，哈勒的机械制造并非由大型企业主导。

技术转让　　在德国机械制造的早期，模仿和借鉴外国的机械制造工厂至少与钢铁工业的情形同等重要。然而，至1842年，在不同程度上严格执行的机器出口禁令使得仿制英国机械变得更加困难。因此，不计其数的企业家、技术人员和国家官员前往英国，还有比利时和法国，以对当地的机械制造厂从事工业间谍活动。然而，最晚至19世纪70年代初，德国在机械制造的大多数领域都取得了全球市场的领先地位。至19/20世纪之交，估计全球机械出口的四分之一来自德国。那个时候，德国的制造商甚至更有可能担心来自美国而非英国制造商的竞争，后者如今已经跌至第三位。

（五）货币和银行业

现代但同时相对资本密集型的工业在德国异常快速的
发展被研究人员视为德国工业化道路的一个特征，这主要
归因于与之并行打造的高效能的银行体系。与工业先驱英
国相比，德国银行业的重要性尤为明显。

轻工业的工业化的优点是资本密集度较低。企业家一
家的积蓄往往足以创办一家棉纺厂；如果情形并非如此，
可以通过当地非正式的资本市场——该市场围绕一位公证
人员或当地一位德高望重者发展而来——获取投资。为了
给棉花和其他原材料提供前置性融资，18 世纪还发展了高
效的信贷体系，而作为信贷工具和支付手段的商业汇票构
成该体系的核心。

英国的工业融资

只有在建设高效的交通基础设施特别是运河网络时，
才需要进行更大的投资，从而超出了当地资本市场的能力。
用于对 18 世纪独一无二的基础设施、装备进行私人融资
的资本不仅国内拥有充足的存量，而且金融资产的所有者
也愿意将其资金投资于私营公司。

19 世纪初德国的情形则截然不同。德意志的各个邦国
于工业化的早期虽然并不缺乏资本，但财富的所有者还不
习惯对工业或商业企业进行投资，而是畏惧与之相关联的
风险，更为青睐"未成熟的"资本市场上畅销但利息收益
相对较低的有价证券，诸如政府债券或抵押契据。在此背
景下，工业化的成功突破需要这些金融机构能够汇集可用
储蓄并将其引导至新的成长性行业。

德国资本市场的滞后发展

然而，法兰克福和汉堡这两座金融中心的老牌银行最

初对开拓这一新市场兴趣不大。因为它们的传统市场——如汉堡的海外贸易融资，法兰克福对众多德意志邦国的融资以及"外汇"交易——在 19 世纪 30 年代仍然是欣欣向荣的业务领域。从该角度看，汉堡和法兰克福的银行没有理由涉足高风险的工业融资。

各省的"新来者"　　因此，开发这些市场和积累经验的任务就留给了来自德意志各省的"新来者"，而这些经验将确保其日后对于 19 世纪初声名鹊起的老牌公司取得决定性的领先地位。最重要的"省级"金融中心，如科隆和柏林，以及较小规模的布雷斯劳、埃尔伯菲尔德和莱比锡，也是早期铁路建设的中心。当地的银行家很早即以铁路公司创始人的身份粉墨登场。他们的银行也对这些公司提供了大额融资：科隆的萨尔·奥彭海姆股份合伙有限公司[1] 和 J.H. 施泰因银行[2]，柏林的希克勒兄弟银行[3]，最初还有门德尔松银行[4]以及后来的布莱希罗德银行[5]，埃尔伯菲尔德的冯·德·海特 – 克尔斯滕父子银行[6]，布雷斯劳的 E.海曼银行[7]。一方

---

[1] 1789 年成立于波恩的私人银行，从事外汇交易、商业信贷等金融业务，1798 年迁至科隆。——译者注

[2] 1790 年在科隆成立的私人银行，最初经营着皮革、五金、殖民地商品、葡萄酒和瓷器，后专注于银行业务。——译者注

[3] 前身为 1712 年在柏林成立的道姆贸易公司，主要从事军需产品的贸易，后转向民品，并从事银行业务。——译者注

[4] 1795 年成立于柏林的私人银行，19 世纪和 20 世纪初以优异的业绩引领欧洲银行业。——译者注

[5] 由德国犹太银行家塞缪尔·布莱希罗德于 1803 年创办于柏林，1939 年被纳粹政府清算。——译者注

[6] 1754 年由克尔斯滕兄弟创办。——译者注

[7] 1819 年成立，最初从事货币和外汇交易，后将业务拓展至工业和运输业。——译者注

面，这些银行提供长期贷款并将股票配售给其客户，另一方面，如果市场一时接纳不了，他们也愿意自己持有股票。

就德国重工业的工业化道路而言，丰富的支付手段供给至少应与充裕的信贷投放同等重要。尽管关税同盟国家货币的统一在 1826 至 1850 年间已经取得重大进展，但直至 19 世纪中叶，货币总量的必要增长仍然十分困难。因为纯金属货币只能异常缓慢地增加货币流通量。然而，随着 19 世纪 40 年代经济的腾飞，商业交易也随之增多，支付手段的供给有可能成为加速工业化的屏障。虽然可以通过创建中央银行并将纸币添加到硬币的流通中予以快速补救，但大多数邦国均视纸币为不受欢迎而拒绝使用。这是因为，一方面，它们认为无法创建足够高效的国家中央银行，另一方面，创建私人中央银行被视为对国家货币体系的破坏。直至 19 世纪 40 年代中期，由于第一次的铁路繁荣导致经济过热引发了信贷市场的崩溃，促使普鲁士开始重新思考。

支付手段的供给

然而，被设计为中央银行的普鲁士银行很快即被证明能力不足，因此被较小的邻国们抓住机会，向普鲁士大量供给其各自中央银行的塔勒纸币。正是在此种压力下，普鲁士于 19 世纪 50 年代末对其《中央银行法》进行了改革，使得普鲁士银行能够满足快速扩张的经济带来的支付和信贷需求。

普鲁士银行

德意志诸邦国的中央银行要么接受国家的领导——如普鲁士银行，要么即便是由私人资本设立并由私人企业家管理，通常也被禁止以信贷银行的身份开展业务。因此，纸币的发行和长期贷款的发放从一开始即被分配给不同的机构。

摘自普鲁士银行的章程（中央银行，1846年）

N. 霍克（N. Hocker）著，《德国全部股份制银行章程汇编》，科隆，1858，第33、500、505页。

银行的目的是促进国内货币流通，利用资本支持贸易和工商业的发展，并防止利率过度增长。（……）

为了实现上述目的，银行有权对货币的兑换、汇款以及国内的国有（……）和其他公共证券予以贴现，并自行承担买卖的义务（……）；以足够的担保提供信用和贷款；（……）接纳有息和无息的货币资本，并对贵金属和硬币进行买卖。银行继续被禁止从事其他商业交易，特别是货物贸易。（……）

银行有权根据其流通的需求，独自发行纯粹的货币代币（称之为"纸币"）的形式。（……）在流通的纸币总量中，银行账户的六分之二必须为现金（＝硬币）或银条，六分之三至少是贴现汇票，其余的为抵押贷款债权（……）。

摘自柏林商业公司的章程（信贷银行，1856年）

公司的宗旨是经营各类银行、贸易和工业业务，因此其经营范畴特别延伸至工业和农业企业，矿业企业，冶金企业，运河、公路和铁路建设，创办、组建和合并股份公司以及发行此类公司的股票或债券。

就德国信贷银行雏形的形成而言，此种明确的职能分离的优点是，德国的私人银行不必被迫调整其资产结构以适应由发行纸币决定的负债结构。对于英国银行来说，这使得发放长期信贷变得异常困难。相反，德国银行则根据其资产结构调整了负债结构。

借助信贷银行的工业融资

德国的银行囿于其资本的较长期确定性而被迫发展比发行纸币更容易预估的往来账目业务。此外，与英国银行相比，股本必须在资产负债表总额中占有大得多的比重。然而，将自有资源投入通常难以变现的证券仍然是一项风险极高的业务。但是银行家们很早即学会了通过分散投资组合形成在市场形势恶化时保护自己免于破产的技术。

德意志西部和柏林的银行一开始对于将其在铁路建设融资方面积累的经验转移到工业企业融资方面犹豫不决，但后来变得日益频繁。因为只有通过建立大型企业才能满足迅速扩张的铁路部门对铁和煤炭的需求，而这超出了业主的个人财力。通过在普鲁士建设一个以私人融资为主的铁路网络证明了自身的股份公司现在正越来越多地转型为钢铁工业企业和机械制造企业。在资本市场发展水平持续低迷的情形下，银行在投资股票和筹措外部资本方面也是不可或缺的。

早在 19 世纪 30 年代，银行家的资源即常常满足不了德国工业界的金融需求。如果银行家们打算继续开展利润丰厚的业务，还必须实现其公司结构的现代化。于是第一家股份信贷银行于 19 世纪 50 年代成立。（至少是成功的股份制银行的）创始人通常是银行家，他们将"专有技术"转移到新的股份制银行。大多数较大的德意志邦国最初极度质疑此种发展态势，并经常拒绝对股份制银行做出让步，而北德意志邦联于 1870 年对《股份法》实施的自由化引发了名副其实的创建热潮。德意志银行、德国商业银行和德累斯顿银行均成立于 1870 至 1872 年间，而这并非巧合，这 3 家银行的创始人都是经验丰富的私人银行家，他们当时并不知晓他们的"女儿"很快即会从他们的手中解放出来，并于 19 世纪末甚至完全承接了他们为大型工业企业提供的贷款业务。

股份信贷银行

中央银行　　　　然而，推进一项覆盖所有金融服务的全能型银行业务的一个重要前提是，**中央银行**作为"所有银行的银行"，能够在紧急情况下确保拥有资本基本稳固但暂时难以变现的资产的银行的流动性。得益于普鲁士银行作为"**终极贷款人**"的兜底保障，德国的银行发展了**全能型银行业务**（"混合银行业务"），并于 19 世纪末前后成为在此之后工业化的国家的诸多其他银行体系的典范。

　　成立于1846年的普鲁士银行——普鲁士中央银行——直至 1857 年《普鲁士银行法》被修订后方才拥有充当"终极贷款人"的自由。它成功利用了这样的自由，并通过成功阻止英国金融危机于 1866 年的初夏在政治上十分关键的数周内（与奥地利及其德意志盟友处于战争状态）的蔓延而证明了自己的能力。帝国成立后创办的帝国银行——作为普鲁士银行的继承者——承担了这项没有任何法律规定的使命，奉行一种巧妙的货币政策，以用同样的方式履行货币监护人和"所有银行的银行"的职能。

终极借款人

　　终极贷款人的职能描述了现代中央银行作为储备银行（"所有银行的银行"）的使命。据此，央行持有的准备金必须高于其自身银行业务所需的准备金。该准备金使其能够在危机情形下稳定货币市场或救助一家虽然资本雄厚但流动性不足的银行。尽管作为储备银行在此种情形下可以收取高利率，但高储备率在正常状况下意味着额外的成本，而将准备金用于投资则会带来利润。

　　在 1866 年的危机情形下，得益于其准备金政策，普鲁士银行通过继续不受任何制约地对优质票据予以贴现，从而给予市场支持。相比之下，德意志所有其他中央银行在此期间均采取了更为限制性的政策。自此，普鲁士银行被视为全能型银行体系的可靠支柱，从而使得信贷银行能够采取更具风险偏好的政策。

全能型银行

中欧风格的全能型银行的特征是将短期的信贷和存款业务与长期的资本市场交易相互结合，在盎格鲁－撒克逊的特殊银行体系中有分别专门从事上述交易的独立机构：商业银行或存款银行从事短期的信贷和存款业务，销售银行或投资银行从事长期的信贷和资本市场交易。尽管比利时的法国兴业银行以及法国的移动信贷银行均为较为老式的典范，但德国的全能型银行被视作"混合型银行业务"的先驱，因为它们从事所有不为法律禁止的银行交易，例如发行纸币以及——除了一些早期初创的银行——抵押贷款业务。德国也有从事这两块业务范畴的专门机构：中央银行和抵押贷款银行。

二、采矿冶金工业先发地区的诞生

19 世纪，铁路的区位布局的重要性再怎么强调都不为过。在此方面绝对不仅仅只有赢家。相反，不同地区的发展水平非但没有缩小，反而进一步放大了工商业发达地区与前工业化时期和农业地区之间既有的二元性。尽管理论上铁路为要素市场和货物市场的一体化创造了物质条件，但在实践中，铁路更多侧重于发展潜力较大的地区，因为那里的预期运输收入以及资本的投资回报率更高。因此，归因于采矿冶金工业的地域性，工业化的重工业阶段在欧洲各地均呈现出地区性极不平衡的增长过程。

先发地区

在德国，拿破仑战争后既有的收入和就业结构落差至少一直延续至 19 世纪末。19 世纪下半叶打上了重工业烙印的发展动力并没有同时辐射到全国各地，而只是影响了少数没有政治边界、区位条件极其便利的地区。除了这些"先发地区"外，特别是在德意志的南部还出现了一系列工业"岛屿"，其中一个或至多少数工业部门成功突破了传统的手工生产方式（埃斯林根、海登海姆、普福尔茨海姆、纽伦堡、奥格斯堡）。由于周边地区的经济发展持续停滞，阻碍了这些"岛屿"源自自身动力的区域增长，主要依赖于与同他"岛屿"或"先发地区"的交易。

铁路的作用是通过某些贸易中心将"先发地区"和"工业岛屿"直接或间接相连。如此一来不仅改善了各自的区位条件（前向耦合效应）并反过来产生了新的需求（反向耦合效应），而且还创造了新的、准人工的"岛屿"，而这些"岛屿"的诞生仅仅是因为便捷的交通条件（例如在铁路枢纽附近）（"节点"）。

铁路对区域经济的意义

当然，通过铁路的连接对区位条件加以改善并不是以牺牲邻近地区为代价的"零和游戏"。然而，由于一个区域或一个地方的工业发展所需的资源（特别是人力和资本）通常在当地无法直接且充足地获得，所以首先需要从邻近地区，后来也会从更远的、几乎被工业化遗忘的地区引进。

因此，一方面，通过向发展中的工业地区输入必要的资源以及在全国范围内分配工业产品，铁路进一步增强了集聚的优势，另一方面，它也引发了"致命性"的资源撤离，并摧毁了整个地区既有工业结构。对于传统工业地区来说，关税同盟引发的区域分工的细化甚至比日益深化的全球市场影响力还要更容易导致经济枯竭的风险。原因在于，假定全国各地的交通发展基本均衡，经济区域通常比邦国"更加开放"。虽然关税同盟为了保护其炼铁工业而于 1844 年就提高生铁关税达成共识，但同期大多数老旧的产铁地区无力对当时仍然起到抑制作用的交通障碍予以清除。炼铁工业迁移到煤矿区，而在传统生产基地的木炭供给在很长一段时间内阻碍了向焦炭高炉的过渡。1860 年左右，在关税同盟内的十个最大的搅炼厂和轧钢厂中，3 个坐落在亚琛和鲁尔区，2 个坐落在萨尔河畔，上西里西亚和萨克森（茨维考）各有一个。传统产铁地区很少会因为修建铁路而像西格兰那样建造焦炭高炉。更为常见的是，木炭高炉的取代导致该地区工业结构的崩溃。

　　与生铁生产类似的是，铁路的市场拓展效应在纺织品生产中也是一种创造性破坏的进程。正如同技术落后的木炭高炉的竞争力被铁路进一步削弱，铁路也加速了以原始工业方式经营的亚麻制造和手工纺纱的衰败。在最初阶段，铁路为来自英国的竞争者开辟了迄今为止无法企及的新市场，在此之后，它帮助新兴的德国棉花工业开拓市场以及通过降低进口原材料的价格进行扩张。然而，在关税同盟的各个邦国，纺织工业的活力不足以覆盖主导部门的职能。因此，在工业化早期，以纺织工业为主导的地区并没有发展成为工业化的先发地区。

　　形成采矿冶金工业的一个必要条件是能够直接获取煤炭。这一因素的重要性是如此之大，以至于当纺织工业主导地区的重要的区位条件是所谓的工业传统时，在矿冶工业的先发地区却绝非再是先决条件。由于煤炭最初的运输成本高昂，早期工业化最重要的能源消耗者——钢铁工

原材料储备

业——通常分布在矿井附近。铁矿石（或生铁）的运输成本也很高。因此，至少在初始阶段，铁矿石的就近供给或区域内进口铁矿石或生铁便利的交通条件是另一个先决条件。随着时间的推移，运输系统变得越来越高效，所有重要原材料在区域内的就近供给变得不再那么重要，但矿冶工业的先发地区从未像纺织工业地区那样实现相对较高的区位依赖性。

矿区的形成　　依附区位的增长性行业——煤炭开采和钢铁工业，吸引了其他不依附区位的上下游行业。尤其是机械制造在这两个增长性行业中都拥有重要的潜在客户。与之前的纺织工厂一样，成立自己的办公室是为车间和搅炼设施提供设备。因此，至 19 世纪 50 年代末，炼铁厂仍然是鲁尔区最大的机械制造工厂。然而，随着时间的推移，出现了一些独立的机械制造企业，但它们始终专注于矿区的大宗买家，自己并没有形成大型产业结构。例如，1886 年，仅仅 5 家企业为鲁尔区煤矿提供了 80% 的蒸汽机和泵机，其中 4 家来自炼铁厂的机械制造公司。

在相对较短的时间内，矿区吸引了许多人成为矿工。通常，小农镇和村庄会在短短的数十年内发展成为大城市，除由此产生了对工厂或矿井劳工的需求之外，还产生了对建筑工人的大量需求。尽管个别工薪家庭的收入微薄，但食品手工业也面临快速增长的消费需求。因此，认为手工业是工业化最大的输家的传统观点必须加以修正，即那些受到来自新兴工业直接竞争的手工业者，诸如针线工、锉工、肥皂制造商、绳索制造商、制桶匠、制革匠、车工或车轮制造商等一些手工业完全消失，而诸如鞋匠和一部分裁缝等一些手工业则能够将其经济职能由生产转向修理。

另外，建筑行业（瓦工、木匠）的处境则发展得极为有利，一方面受益于城市增长的开始，另一方面还没有受到工业生产的威胁。相似的是，食品行业（屠夫、面包师）以及美发师和旅馆老板也受益于城市化。

关税同盟的许多地方都存在煤矿，但只有三个地区可以称为采矿业领先地区：上西里西亚地区、萨尔地区和鲁尔地区。上西里西亚是这三个地区中最古老的，但鲁尔地区是迄今为止最重要的。19世纪末，它不仅是德国最大的工业城市，也是整个欧洲最大的工业城市。

直至进入19世纪，后来的**鲁尔区**几乎没有任何工商业传统。作为副业，小农户在鲁尔河畔的露天矿或洞穴矿（一个只有数米深的矿井）开采煤矿，几乎仅仅用于满足自己的需求。直至18世纪，排水问题才促成转向坑道矿井的建设，而它们最初是由来自哈尔茨山或矿山的雇佣矿工建造的。这也改变了副业和主业的关系，从而使得煤炭成为出口商品。但是，在很长一段时间里，煤炭的市场容量仍然十分有限，因为**鲁尔河**直至1780年才开通从鲁尔奥特[1]到维滕和霍尔德附近矿区的通航。

鲁尔矿区

鲁尔河

这条以鲁尔区的名字命名的河流于1774至1780年间进行了拓宽，以利于从鲁尔河和莱茵河之间的转运点鲁尔奥特前往弗伦登贝格的通航。除煤炭外，当时最重要的运输货物是来自乌纳附近柯尼斯堡盐湖的盐。自从铁路引发对该矿区

---

[1] 腓特烈大帝于1772年授权一家荷兰公司将煤炭沿鲁尔河运往与莱茵河交汇处的一个当时被称为"洪贝格码头"的小港口，后易名为鲁尔奥特。——译者注

的开发以及煤矿开采向北迁移以来，鲁尔河的航运已经失去了重要性，但鲁尔奥特港则没有。该港口于 1820 至 1825 年间业已耗费巨资进行了扩建。1859 至 1868 年间以及 1905 年又分别进行了进一步的扩建。19 世纪 70 年代，河流的入口甚至被重新改道。与鲁尔河的航运相反，鲁尔奥特港受益于铁路的发展，自 1848 年以来一直充当铁路和莱茵河船舶之间的转运点。该港口于 20 世纪发展成为欧洲最大的内河港口。

鲁尔河地带

鲁尔河地带构成鲁尔区的第一条发展轴。尤其是米尔海姆和维滕，以及韦尔登、斯蒂尔、哈廷根和霍尔德，它们均受益于鲁尔区航运的拓展。米尔海姆——19 世纪 40 年代，这座拥有约 10000 名居民的城市成为后来鲁尔区最大的城市——发展成为鲁尔河上游坑道矿井的煤炭转运点。1808 年在米尔海姆创立了以其姓名命名的公司的马蒂亚斯·斯汀尼斯[1]代表了早期煤炭开采和内陆航运之间的联系。随着煤炭开采业向北迁移，鲁尔河地带失去了重要性，而鲁尔河地带城市的增速远慢于鲁尔区其他区域的城市（参见表 3-8）。

地域的重新划分（1815 年）

相形之下，鲁尔区钢铁工业的起步没有那么惹人注目。第一批冶炼厂建于 18 世纪下半叶，但由于当地不能在全年保障原材料（褐铁矿和木炭）的供给，冶炼厂的地位仍然完全无足轻重。因此，1815 年该地区的重新划分以及莱茵兰和威斯特伐利亚两省并入普鲁士为重工业的扩张创造了第一个先决条件。

但这还不足够。鲁尔区崛起的其他先决条件是在 19

---

[1] 马蒂亚斯·斯汀尼斯（Matthias Stinnes，1790—1845），德国商人、企业家，1808 年成立家族企业，早年从事煤炭运输，后将业务拓展到内河航运以及采矿业。——译者注

世纪 30 年代奠定的：市场准入发生了变化，技术进步的视野不断拓展，对该地区起到了极大的促进作用。随着经由莱茵河或者自 19 世纪 40 年代以来通过铁路通达北海，鲁尔河的北部地区呈现出新的竞争格局。与此同时，自 1834 年起，德意志关税同盟内形成了相当规模的国内市场，但首先必须建立高效的交通基础设施。就钢铁工业的产品而言，此种情形尤其发生在德国工业化中处于关键地位的鲁尔区。

随着深坑矿井的建设，煤炭开采业于 19 世纪 30 年代开始扩张。与此同时，矿业向北方迁移，最先迁至赫尔韦格地带，随后于 19 世纪后 30 年代迁往埃姆舍地带。19 世纪末，该地区 12 个最大的煤矿中有 8 个位于埃姆舍河畔、盖尔森基兴和赫尔讷的"煤炭城"。钢铁工业的扩张始于稍晚一些的时期，即 19 世纪中叶。充足的烟煤储备十分适合生产冶金焦炭。此种原材料构建了鲁尔区典型的煤和铁之间的紧密关联。

矿业的北迁

赫尔韦格地带

19 世纪 40 年代，随着深坑矿井的建设，鲁尔区的采矿业取得突破。鲁尔区矿业随之向北转移至赫尔韦格——一条古老的东西向的贸易路线沿途的城镇。例如，最早的两座成功采矿的深坑矿井坐落的埃森和波鸿的郊区。由于深坑矿井比鲁尔区的坑道矿井需要更多的劳力，赫尔韦格一带城镇的发展速度也十分迅速，特别是归因于钢铁工业企业也落户于此：埃森的克虏伯公司和波鸿的波鸿联盟，此后不久还有杜伊斯堡的蒂森以及多特蒙德的赫施。多特蒙德和埃森由此成为鲁尔区最大的城市之一，1885 年多特蒙德的人口为 75000 人，埃森则有 65000 人。但当时的市区范围还没有超出古老的皇城或皇家修道院的范畴。在 20 世纪初的第一波合并浪潮之后，多特蒙德被埃森超越。

埃姆舍地带

19 世纪 60 年代，煤炭开采拓展至鲁尔区的第三条发展轴——埃姆舍地带。与鲁尔河畔以及赫尔韦格一带的城镇不同的是，它们在发展之初的规模都很小，埃姆舍地带的人口分布始终十分稀疏。没有任何一个定居点的居民超过数百人。该地区的核心由一些冶金公司组成，早在采煤业来到埃姆舍之前，上述企业即已经落户在这里。这些"工业村"的发展极为迅速，以至于 1862 年才作为城镇建立的奥伯豪森在 1874 年获得城市权时已经拥有 15000 名居民。盖尔森基兴在 1850 年只有约 900 人定居，但人口的增长尤为迅速。20 年后，其人口已达 8000 人。埃姆舍尔地带的人口每年增长近 6%，是德意志帝国时期鲁尔区分区中人口增速最快的地区（参见表 3-8）。

表 3-8　鲁尔区分区的人口增长

年份	鲁尔河地带 [①]		赫尔韦格地带 [②]		埃姆舍地带 [③]	
	绝对人口	年均增速	绝对人口	年均增速	绝对人口	年均增速
1816/1818	23648		76178		27365	
1858	63648	24.1%	218882	25.7%	53851	16.5%
1871	89558	26.4%	392859	45.0%	91751	41.0%
1905	204273	24.3%	1455378	38.5%	588387	57.7%

① 穆尔海姆、哈廷根、施普洛克赫弗和维滕（各自包含后来并入的城镇）。

② 杜伊斯堡、埃森、波鸿和多特蒙德（各自包含后来并入的城镇）。

③ 丁斯拉肯、奥伯豪森、波特罗普、盖尔森基兴、赫尔讷和卡斯特罗普－劳克赛尔（各自包含后来并入的城镇）。

参考资料：W. 克尔曼（W. Köllmann）著，《人口历史》，载《工业化年代的鲁尔区》（第一卷），表 1，第 114 页。

从钢铁工业转到机械制造的道路并不漫长。许多企业都拥有机械车间，用以建造和维护自己的设备。在矿区形成的早期，技术知识较为便捷的可转移性，尤其是就在排水和开采方面仍然相当笨拙和构造粗糙的机器而而言，致使形成了一种能够高效满足矿区需求的机械制造设备，但总体而言与德国其他机械制造中心的差别很小。

鲁尔矿区另一个重要的区位优势是便利的交通地理位置。首先，航运应当较铁路更为予以优先考虑。鉴于煤炭是一种价值和重量比较低的大宗运输品，因而十分适合水路运输。鲁尔河和莱茵河最初构成了运输煤炭同时也是进口用于在该矿区进行加工的铁矿石和生铁的最重要的路线。19 世纪后 30 年，当采煤业扩张至埃姆舍地区时，埃姆舍河本身作为水道的运输效率尚不够高，于是在第一次世界大战的前夕通过莱茵－赫尔讷运河将其与莱茵河贯通。在此之前，已于 1899 年经由多特蒙德－埃姆斯运河建成了从东部矿区直接连贯北海的通道，并有望经由中部运河延伸至马格德堡和柏林。

水路的意义

除了数条连接矿区和鲁尔区的运煤铁路外，直至 19 世纪 60 年代初，作为运输通道的铁路才在煤炭工业中发挥了重要作用。19 世纪 40 年代中期，科隆－明登铁路基本上覆盖了当时的煤田，但即便经由铁路使得矿区的中心地带获得开发，囿于其货运成本过于昂贵，以至于无法送达人口稠密、工业发达的市场。直至引入在上西里西亚业已经过考验的"一芬尼费率"，方才最终使得铁路作为鲁尔区的运煤通道成为可能。

一芬尼费率

19 世纪 40 年代末，为了在柏林的煤炭市场上具备与英国煤炭相竞争的能力，上西里西亚煤炭的运输价格不得高于每公担①24 银格罗申②。从上西里西亚的矿井到柏林的距离超过 70 普里③，据此，每公担/普里的运输费率不得超过 1 芬尼。1849 或 1851 年，普鲁士商务部长冯·德·海特违逆当时铁路公司的意愿，对开往柏林的运煤专用列车征收这一就当时而言空前低廉的运输费率。

尽管对上西里西亚的煤炭实行的"一芬尼费率"对于矿业企业和铁路公司而言都是圆满的成功，但由于汉诺威国有铁路公司的抵制——它们出于政治考量对促进普鲁士的采煤业毫无兴趣，对从鲁尔区开往德国中部的运煤专车推行"一芬尼费率"宣告失败。直至 1860 年，经由汉诺威向马格德堡/柏林方向运输煤炭的相关合同才最终签订。通过"一芬尼费率"，来自上西里西亚和鲁尔区的煤炭征服了整个德国中部市场，并将英国煤炭挤压到德国北部的沿海地区。

技术转让　　鉴于鲁尔区的工业传统比较孱弱，合格的技术人员和熟练工人的充足供给也至关重要。专有技术的引进有两种方式。其一是由德国的企业家聘请外国专家，这尤其适用于钢铁行业。例如，鲁尔区的第一代炼钢工匠主要是在英国或比利时招募的。当然，为了招募这些自信满满的专家，必须支付高额的工资。其二是外国的企业家也认

---

① 1 公担相当于 50 千克。——译者注

② 1 塔勒等于 12 银格罗申，1 银格罗申等于 48 芬尼。——译者注

③ 1 普里等于 7.532 千米。——译者注

识到鲁尔区特别优越的区位条件并在此落地生根。法国人查尔斯·德蒂利厄（Charles Détillieux，1819—1876）和爱尔兰人威廉·托马斯·马尔瓦尼（William Thomas Mulvany，1806—1885）可能是鲁尔区企业家当中最重要的移民。他们是埃姆舍地区采煤业的先驱。

伴随着企业家的到来，资本也进入到新兴的矿区。资本和劳动力同等重要，因为重工业在第二阶段的资本密集度远高于欧洲工业化第一阶段的纺织工业。除了穆尔海姆的煤炭贸易外，过去该地区的资本积累非常缓慢。作为最邻近的金融中心，科隆在筹集资金方面发挥了非同寻常的作用。通过科隆各家银行的国际联系渠道，吸引了诸多外国投资者来到鲁尔区进行投资。许多矿井的名称，如希伯尼亚①、三叶草②或新苏格兰，以及1870年以"梅得里希莱茵河公共有限公司"为名在巴黎创办的莱茵钢铁厂，均表明了其投资资本来自国外。

资本转移

上西里西亚最初的情形与鲁尔区完全没有什么不同。尽管上西里西亚并入普鲁士的时间比鲁尔区稍早一些，但它也不是普鲁士较早的省份之一，而是位于其边缘地带，与贸易城市布雷斯劳的距离仅比鲁尔区与科隆的距离稍远一些。上西里西亚也不是该省的第一个工业区。与拥有钢铁加工和纺织工业的低山地区或勃兰登堡的绍尔兰地区类似，下西里西亚也拥有纺织和钢铁工业的传统。

上西里西亚矿区

在鲁尔区，普鲁士（与其他参与其中的邦国君主一道）通过使鲁尔河具备通航能力，初步实现了具有跨区域

---

① 爱尔兰的拉丁名。——译者注

② 爱尔兰的国花。——译者注

意义的工商业发展。在上西里西亚，普鲁士国家同样鼓励此种发展的开始。然而，它在上西里西亚最主要参与的并非基础设施的前期工作，而是表现得比在鲁尔河畔更具创业精神。它一方面涉足矿石开采（最初是塔尔诺维茨附近的银和铅），另一方面涉足扎布热附近的煤炭开采以及格莱维茨和霍茹夫的铁冶炼。只有锌的生产在矿区成立之初即已掌握在私营企业家手中。

进入 19/20 世纪之交后，锌工业成为该地区最成功的现代经济部门。上西里西亚甚至占据了大约 40% 的市场份额，成为全球最重要的锌产地。该工业领域对能源的需求非常高，可以说是采煤业现代化的决定性推动力。总的来说，其最初的采矿条件比鲁尔河畔更为有利。这关乎矿井的深度以及矿层的厚度。

交通地理位置

然而，上西里西亚的交通地理位置远不如鲁尔河畔便捷，因为通过运河将该地区与奥得河相连的尝试并不十分成功。19 世纪初修建的**克洛德尼茨运河**的效率并不高，而作为航运路线，奥得河本身也无法与莱茵河相提并论。一年中只有几个月的水位允许运输。虽然相对迅速地修建了一条铁路，但向柏林方向运输煤炭最初的运费太高无法承受。直至 19 世纪 50 年代实行"一芬尼费率"方才改变此种情形。然而，上西里西亚的煤炭在柏林市场的地位并没有持续多久，因为 60 年代它即面临来自鲁尔区的煤炭的竞争。然而，归因于同俄国和哈布斯堡王朝的贸易协议，在相应的铁路连线建成以后，通往东部和南部的通道均被打开，促成西里西亚的大部分煤炭都可以出口。

克洛德尼茨运河

　　克洛德尼茨运河将格莱维茨与科塞尔附近的奥得河相连。它于 1782 至 1812 年间建于无法通航的克洛德尼茨河谷，全长 46 千米。运河的深度和船闸设计只允许载重量不超过 50 吨的船舶通过。因此，它不适合许多船只通航，诸如可以在连接奥得河和柏林的更大的菲诺运河上航行的船舶。通过铁路对上西里西亚进行大开发后，运河几乎不再使用。克洛德尼茨运河于 1888 至 1893 年间进行了扩建。尽管如此，对于上西里西亚来说，克洛德尼茨运河仍然不具备像稍晚建成的莱茵－赫尔讷运河对东鲁尔区所具有的那般重要性。它太小了。

　　上西里西亚是其自产煤炭的另一个重要买家，尤其是其钢铁工业，至 19 世纪中叶已经完全转向使用焦炭冶炼。国有冶炼厂在此方面发挥了先锋作用。但到了 19 世纪下半叶，私营冶炼厂越来越多，产量和销量都很快超过国有冶炼厂。其中最大和最成功的是上西里西亚**工业寡头**的冶炼厂，这即是股份公司的法律形式在上西里西亚的钢铁工业中相对较晚得以确立的原因。采煤业的情形也很类似。在这里，继领导原则被废除后，除国有矿井外，也出现了其中一些为工业寡头家族所有的大型工厂。

钢铁工业

贵族重工业家（工业寡头）

　　上西里西亚工业化的一个特征是上西里西亚的地主贵族——上西里西亚工业寡头对重工业的积极参与。霍恩洛厄亲王和普莱斯亲王以及亨克尔·冯·唐纳斯马克[①]伯爵、沙

---

① 奥地利日耳曼贵族家族，起源于 14 世纪上匈牙利的前斯皮什地区。——译者注

夫戈奇①伯爵和巴勒斯特雷姆②伯爵创办了大型私营企业，对其地产上的矿产资源进行开采和加工。尽管它们的规模很大，但其中一些企业甚至在帝国建立后仍然在高等贵族财富管理的框架内运营。第一次世界大战前，来自亨克尔·冯·唐纳斯马克、霍恩洛厄和普莱斯家族的 3 位上西里西亚工业寡头位居普鲁士最富有的贵族榜首。尽管取得了显赫的成功，但除个别案例外，上西里西亚富豪们的榜样后来并没有在德国任何地方被效仿。

尽管上西里西亚的一些炼铁厂也附设了机械车间，但那里的机械制造远没有鲁尔区那般重要。西里西亚的机械制造中心显然是布雷斯劳，上西里西亚的冶金厂以及采煤矿井的设备也来自那里。例如，1852 年在上西里西亚登记的 64 台蒸汽机中，有 10 台来自布雷斯劳，只有 11 台（大部分是较旧的机器）是在上西里西亚生产的。然而，超过一半的 33 台蒸汽机产自西部、亚琛和鲁尔区，这一事实说明了上西里西亚机械制造的发展水平较低。

城市的发展　　上西里西亚矿区的规模明显小于鲁尔区，城市的发展也远没有鲁尔区那么快速。最大的城市是拥有 32000 名居民（1885 年）的霍茹夫。其他重要的城市有格莱维茨、博伊滕、塔尔诺维茨、卡托维茨和扎布热。与赫尔韦格沿线的城市相似的是，格莱维茨和博伊滕绝对拥有更古老的城市传统，而卡托维茨和扎布热则像埃姆舍地带的城镇一样，

---

① 西里西亚贵族家族，其历史可以追溯到 13 世纪，该家族在波希米亚、哈布斯堡王朝和普鲁士的政治和社会生活中具有重要影响力。——译者注

② 德意志贵族家族，起源于 16 世纪意大利的皮埃蒙特。该家族成员在德意志帝国内担任多个重要政治职务。——译者注

是由多个村庄合并而成的"工业村"。卡托维茨于1867年业已获得城市权，而1915年更名为兴登堡的扎布热则一直等到1922年方才获得城市权。

三、社会后果

即使在19世纪中叶，德国的人口增长也基本没有放缓。然而，它对下层阶级社会状况的影响因海外移民的启动而有所减弱，此前从未有如此多的德国人离开其祖先的家园。19世纪50年代，大约有110万人从德国移民海外，仅1854年即有23.9万人。其中大约四分之一来自德国的西南部。其他主要移出地是德国西部的一些地方、梅克伦堡、勃兰登堡、波美拉尼亚和西里西亚的部分地区。最重要的移民目的地是美国。90%以上的移民迁往那里。

移居国外

1848/1849年大革命失败后，政治原因也导致了移民人数的增加。有些人因为受到迫害而逃离，有些人因为理想破灭而出走，但移民的主要原因是对社会的不满和严重的经济困难。整个村庄的居民变卖其财产，以便有能力支付旅费。如果受助者愿意放弃未来对穷困人员的任何救助并宣告其永远不会从美国返回，一些乡镇甚至会承担相关的旅费。

> **移民国外的政治动机，19世纪40年代密尔沃基写给波美拉尼亚亲戚的书信**
> W. 黑尔比希（W. Heibich）等主编，《来自美国的信札——德国移民书自新世界（1830—1930）》，慕尼黑，1988年，第182、292页。

> 对于在那里劳作的男子而言，这里的境况要比那里好得多；人们可以比在德国更容易买到一块果腹的面包，如果想得到应得的工资，不必像在你们那里生活在地主的限制和奴役之下，也不必将帽子夹在腋下或置于门口。在这里，美国民众之间大体上是平等的。贵人和富人不以与穷人和底层交往为耻。（……）人们也可以在没有护照或类似证件的情形下在美国自由自在、不受阻碍地旅行。
>
> 另一方面，50 年代中期，社会的窘迫逼使一个 19 岁的年轻人从摩泽尔河畔的一个小村庄投奔他的哥哥，后者已经同家人一起定居在密歇根州。
>
> 接下来的一周，我和哥哥彼得一起上班。在这里，我从早上 7 点工作到晚上 7 点，可以赚到 1 塔勒和 20 银格罗申，如果我从凌晨 4 点工作到晚上 9 点——这种状况现在已经是常态，那么我会赚到 2.5 普鲁士塔勒。由于我现在不再希望我的兄弟姐妹免费为我做事，所以我每天给彼得 12 银格罗申，用于支付食物和洗衣。我非常喜欢这里，如果你们能够秋天来的话，那么我们在今年剩下的时间里一定会在这里拥有自己的房子。我考虑过了，（……）今年有好的葡萄酒，你们也许可以做得很好。当你们在这里时，就不必像在德国那样生活在痛苦中，这便是我非常乐意给你们汇款的原因。

　　组织移民活动发展成为一个独立的职业。陆续出现了移民报纸和社团，推广有关"新世界"的信息，还成立了移民代办机构以及诸如汉堡－美洲行包航运股份公司等专门从事欧洲移民越洋业务的航运公司。然而，对移民起到极大推动作用的最重要渠道是致德国亲戚和邻居要求其随同移居的信函。于是，在美国形成了以同乡为鲜明特征的区域，甚至直至今日，有的城市名称还追溯到建立时期的一个较大的德国殖民地（汉诺威／新罕布什尔州、柏林／

康涅狄格州、明登／内华达州，但也包括俾斯麦／北达科他州或洪堡／内布拉斯加州）。

19世纪50年代末的世界经济大萧条，特别是美国内战（1861—1865）暂时减缓了向美国的移民。在这段时期，首次出现了另一种移民运动：国内的人口迁移。60年代以来，工业开始慢慢吸纳农村的"剩余人口"。数以十万计的人口首先从周边地区，后来也从偏远地区迁移到新兴工业中心。

1815年德意志邦联的《邦联法》规定，各个邦国的内部移民，例如在邦联内部的跨越邦国边境的迁徙不受任何限制。因此，移民的流向无法进行引导，而移民的目的地往往面临新的社会负担。一些城市就此采取了限制移民的举措，以阻止那些可以预见到即将在短时间内成为公共贫困救济包袱的人员定居。

内部迁徙

然而，立法机构就此点对城市的操作范围设定了严格的限制。为了对劳动力所期望的行动自由不予任何限制，在1855年《济贫法》修订之前，只有那些名声不佳且处于贫困状态的人才能被逐出普鲁士的城市。1855年，自由移民的原则受到限制，即迁入一年内成为公共贫困救济包袱的人可以再次被送回其原先的"救助居住地"。从此时起，只有当在迁入目的地居住至少一年后陷入贫困时，乡镇才开始承担济贫义务。

但是，工业化以及人口的涌入迟早会倒逼大型工业城市向古老的村镇田地扩张。在那里建造了多层集中式住宅楼，并由此派生出了**"租赁营房"**① 这一概念，成为19世

在大城市的居住

---

① 即为了提升地块的开发强度，只在巨大的建筑物中间留出一块空地作为公共空间。——译者注

纪后期住宅建筑的主导类型，尤其是在柏林市郊。建筑商通常是只对房产开发收益感兴趣的建筑和开发公司（"地产公司"）。事实上，前楼、侧翼和后楼的楼层以及公寓的数量都是住宅建筑中前所未闻的，旨在使地产面积得到最佳利用。

租赁营房

为城市下层阶级建造的大型多层租赁住宅被称为"租赁营房"。建造原则包括在给定的地产上安置尽可能多的公寓。于是建筑法规被推挤到最外缘，甚至被忽视。好几栋后楼紧挨着展示性的前楼而建，以至于在其当中只空下狭窄的、多为长方形的庭院，唯有通过房屋下方的通道得以进入。接连由3到8个后院组成的街区的情形并不少见。前楼为居民——以小市民阶层为主，提供了相当好的居住条件，而后楼的公寓则通风不良、十分吵闹，并且常常有小企业入驻那里。低层和地下室的公寓尤其糟糕。它们潮湿不堪，几乎见不到阳光。那里居住着最为贫困的无产阶级家庭。

以租赁营房的建设带动大型城市的发展（1890 年前后）

乔治·埃克特（整理）:《来自德国产业工人的生活日志》，不伦瑞克，1953 年。

我们的郊区村庄距离开姆尼茨如此之近，以至于无法再找出两者之间的边界在哪里。两者相互融合，在村庄的另一边形成了一个挨着一个、绵延数小时路程的村庄群，如同人口稠密的萨克森经常出现的情形。此种关联决定了我们所在地的外观和布局。这里一半是城镇，一半是村庄：在古老的、具有独特风貌的（……）乡村别墅之间矗立着单调无奇的、城市的（……）租赁营房。只有一块区域还完整保存了过去村庄的旧貌（……）。但紧邻该区域又有一片完完全全的城区再次以

> 惊人的速度崛起，两条辽阔宽广、蔚为壮观的街道平行延伸开
> 来，营房与营房连成一条直线。(……) 这个城郊村庄的外观
> 也展现了一幅其居民正在经历的经济变革的图像：从农民和耕
> 田者成长为大工业的产业工人。

　　鲁尔区代表了定居点发展的一种特殊形式。在那里，
1851—1875 年间，各大公司开始为其工人建造工厂**定居
点**。与建造其他类型私人租赁住房不同的是，建造工厂公
寓的目的并不是为了获得房产回报，而是为了吸引更多工
人，并将他们与各自所在的企业紧密联系起来。最初，大
型企业建造住房的政策举措还只是针对单身年轻男子，为
他们建造了巨大的寝室。据说 1870 年左右，鲁尔区有大
约 35 个为未成家的工人提供的宿舍。

▍工厂定居点

　　建造工厂公寓最初成为大型重工业企业的企业社会政策
的最重要组成部分。为了将训练有素的熟练劳动力与企业更
紧密地绑定在一起，从 19 世纪 60 年代起即开始建造工厂公
寓，并于帝国成立后投入了更大力度，而公寓的租金则远低
于市场的正常水平。上述举措的重点区域是鲁尔区等大型工
业区。最初建造的多为由多个家庭居住的联排住所，转租房
客通常居住在顶楼。90 年代以来，墨守成规的开发模式有所
放宽，建造了小木屋和独立的家庭公寓作为定居点，以奖励
"有功绩"的工人对企业的忠诚。小花园和小马厩也是此类工
厂定居点的鲜明特征，旨在保障工人家庭的部分生计。

　　19 世纪 70 年代，尤其是在 1872 年矿工罢工的推动
下，由企业建造公寓掀起了一个高潮。特别著名的案例是

**企业建造
公寓**

由克虏伯公司实施的工人寓所的建造。保守估计认为，在19/20世纪之交，埃森有12%的人口居住在工厂公寓中。得益于这些工厂公寓，在克虏伯员工内部，流动性明显低于其他没有类似社会政治举措的重工业企业。

然而，对于租户来说，企业建造公寓带来的利好被巨大的弊端所抵消。除了工人搬进公寓后对公司作出的承诺外，这些社会政治措施还具有抑制罢工的功能。因为克虏伯公寓的租赁合同明确规定，如果出现"声名狼藉的不可容忍行为"或"为了企业的商业利益"，可以随时终止合同。

阿尔弗雷德·克虏伯对建造工厂公寓的功能的论述，1877年
对我的商业机构成员的一句话，引自里特尔、泰费德（Ritter/Tenfelde）著，《德意志帝国的工人》，第611页。

此外，在酒吧里谈论政治是非常昂贵的，而在家里则可以更好地开展这些活动。在忙完工作后你们可以与家人、父母、妻子和孩子们在一起。你们在那里（家中）休整，思考与家务和成长相关的事宜。你们的政治首先且最主要的即是你们的工作。你们会在工作中度过快乐的时光。

城市规划

为了引导城市有序发展，自19世纪60年代起，每条街道都制定了"逃生路线规划"。尽管普鲁士不是第一个为此建立统一法律基础的德意志国家，但它对城市规划的监管特别全面。1875年的《逃生路线法》与1874年的《征用法》共同奠定了基于标准的现代市政城市规划的基础，而这些准则直至1960年《联邦建筑法》颁布之前一直有效。

　　然而，城市规划只是市政管理部门一系列全新任务的开端，必须为不断增长的人口和入驻当地的企业提供全新的服务。在大城市，个人不再能够以自给自足的方式供应淡水、食物以及烹饪、供暖、照明和行动所需要的能源。污水、粪便和垃圾的传统处理方式不仅成为令人难以忍受的公害，而且也成为诸如常见的腹泻等疾病以及霍乱、伤寒等流行病的温床。然而，在细菌学家确定饮用水是这些疾病的传播途径之后，德国的大城市开始建立由供水和污水处理系统组成的现代化的城市基础设施。尽管卫生条件由此得到显著改善，但即使是一根水管也不能完全排除个别病例通过通常取自河水的饮用水传播流行病的可能性。

　　19 世纪中叶前后，随着市场经济主导的经济秩序取得突破性进展，社会秩序也发生了根本性的变化。由等级特权构成的旧式封建社会被市场社会所取代，其结构性特征是资本商品的所有权或处置权——或者是它们的非所有权。然而，按照法国社会学家皮埃尔·布尔迪厄[1]的观点，资本的概念应当比经典的马克思主义关于生产资料的概念更为宽泛。通过引入文化或教育资本的维度以及社会资本和融入社会网络的维度，布尔迪厄关于资本的概念对物质资本（资产、生产资料）作出了补充。这便解释了为

阶级的形成

----

① 皮埃尔·布尔迪厄（Pierre Bourdieu，1930—2002），当代法国最具国际性影响的思想家之一，一生涉猎颇多，在社会学方面建树最大，倡导创立反思性的社会科学，强调必须克服主体与客体、文化与社会、结构与行为等普遍存在的理论对立面，并提出"惯习""资本"和"场域"三个基本概念，代表作有《实践理论概要》《实践的逻辑》等。——译者注

什么企业家、大学教授等不同的职业群体属于同一个社会阶层——资产阶级。他们的职业决定了高于平均水平的资本积累，尽管资本的类型完全不同：企业家拥有物质资本，大学教授拥有文化资本。

在阶级社会中，与社会等级制度的绑定不再像等级社会那样完全是取决于出身的。从理论上讲，一个人在其一生中离开他出身的社会阶层是完全可以想象的。但实际上这又是十分困难的，因此这样的情形在 19 世纪很少发生。但不论怎样，如果跨越几代人而言，诸如以一个犹太人居住区小商人的贱民身份，攀升为皈依了基督教并可以直接进入宫廷的高贵的银行家，是完全可以想象的。

产业工人群体　　市场阶级的构成也改变了贵族和资产阶级的等级构成。然而，19 世纪市场社会的特征是雇佣劳动的盛行以及与之相关的产业工人群体这一社会阶层的形成。40 年代，产业工人群体在城市的底层阶级当中还只是一个小群体。1850 年前后，在关税同盟范围内约有 27 万名产业工人和 5 万多名矿工。这还不及就业总人口的 5%。那个时候，贫困的原始工业工人、农业人员和手工业者是他们的许多倍。当时最大的企业是位于柏林的机器和机车制造商伯尔希克[①]，1847 年拥有约 1200 名员工，在规模上将其他企业远远甩在了身后。

从 19 世纪 50 年代开始，产业工人的数量开始大幅增

[①] 德国企业家奥古斯特·伯尔希克 1837 年创办，最初专注于铸造和机器制造，1840 年制造出第一辆火车机车，至 1854 年已经交付 500 辆蒸汽机车，此后发展成为全球第二大机车制造商，至 1918 年总共制造了 1 万台机车。——译者注

长。至 1861 年，产业工人人数和矿工人数几乎翻了一番，随后在 18 世纪 60 年代和 70 年代初几乎又增长了 3 倍。这时候产业工人的比例约为就业总人口的 12% 至 14%。当时德国最大的企业弗利德里希·克虏伯已经拥有超过 1 万名员工。

如果认定 19 世纪下半叶的产业工人果真除了其身上的枷锁之外没有什么可以失去的，那便大错特错了。因为就其社会地位而言，工业领域的产业工人群体也常常是分层级的。位于顶层的是由手艺精湛的高素质技术工人（排字工、印刷工、平版印刷工、金匠、石匠、装订工）组成的"工人贵族"，他们的工资不仅远远高于所有其他工人，而且还比一些个体经营的工匠大师赚得更多。广大技术工人（特别是矿工和金属工业的技术工人）只要维持健康，也可以获得维持生活所需的收入。这是因为企业家对大多数技术工人的职业需求很大，所以他们不存在长期失业的风险。 **内部的差异**

相形之下，半熟练工人和非熟练工人的境况显然要差得很多。后者当中的大多数为从乡村迁来的农村底层人口的第一代。只有在极少数情形下，他们才能改善其卑微的社会地位。只有他们的孩子才有真正的机会攀升到下一个级别的半熟练工人。一个普通杂工的时薪有时可能是精英技术工人时薪的 10%。鉴于合格的技术工人通常是被长期雇用的，而辅工由于移民潮、打短工和长达数月的失业而持续承受的工资压力，所以相对于小时工资的比较，技术工人和辅工的年收入比较对后者更为不利。

随着工业化的重工业阶段的开启，工人的实际收入开始缓慢增长。但其特点是，技术工人的收入增长快于杂工，因此后者的境况仍然不稳定。但无论如何，至少 19 世纪 50 年代和 60 年代的非熟练产业工人没有重蹈上一代贫困底层阶级的命运。

工人运动　工商业领域领取工资的工人群体不能指望依靠企业或国家使其境况得到根本性的改善。因此，如果他们想要争取更高的工资、更短的工作时间和更好的工作条件，就必须依靠自救措施。相关举措的范畴十分宽泛，从自发的、相互没有协调的、往往是暴力的抗议到有计划的罢工乃至建立工会组织和政党。

罢工

19 世纪初的社会抗议大多是出于防御性目的，如恢复传统的权利、维护世袭的社会结构等。这方面的一个重要示例即为手工业者就行会章程的废除或改革提出的抗议。此外，抗议的参与者大多不是来自一个特定的社会阶层（或阶级），而是由不同的社会群体组成。然而，早期工业化时期社会抗议的最重要特征是其自发性和无组织性。

但是，在工业化的过程中，社会抗议的形式发生了变化：罢工发展成为一种抗议的形式，而工会则发展为一种组织的形式。与早期的抗议形式相反，罢工是从属的员工为了实现其所要求的就业和收入条件而暂时集体停止工作。罢工者通常具有同质的社会结构，并积极争取明确的目标（如提高薪酬、改善工作条件、缩短工作时间）。为了增强影响力，他们组织了工会，在发生罢工时可以由工会支付资助金。企业家们经常以解雇、暂时拒绝正常的或合同约定的工作机会来应对罢工。集体抵制罢工的组织，即作为工会对立模式的雇主协会的形成相对较晚。无论如何，在劳资纠纷中，国家权力几乎总是站在企业家的一边。

　　第一批类似工会的联合体是在地方上组织的，并且通常与特定的职业相关。然而，早在 1849 年，首批全国性的联合体"古腾堡图书印刷和排字协会"以及"德国雪茄工人协会"即已经组织了数千名会员。在 19 世纪 50 年代的专制时期遭到中断之后，此种组织化倾向于 60 年代变得越来越普遍，特别是自 1869 年对组建联盟的权利实行自由化以来更是如此。

　　然而，德意志帝国成立时期现代政党的形成导致了组织的分化。虽然社会主义工会在名义上代表了激进的、阶级斗争和社会革命的立场，但左翼自由主义（或"希尔施 – 敦克尔式工会[①]"）工会却更多追求社会改革的路线。后来，随着基督教工会的组建，第三个即社会改良主义的工会运动得到了发展，而它与天主教中央党[②]的关系密切。

[①] 德国改良主义工会组织，1868 年由进步党活动家马克斯·希尔施和弗弗朗茨·敦克尔创建，鼓吹劳资利益"和谐论"，认为资本家也可以加入工会，否定罢工斗争的合理性。——译者注

[②] 1870 年创建，系德国具有天主教背景的基督教民主主义政党，曾支持教廷对抗由俾斯麦首相主政帝国政府推动的文化斗争，最终以帝国妥协告终。——译者注

第四章
新产业的工业化阶段
（1880—1914）

许多经济史学家用"第二次工业革命"这个概念形容给欧洲的胜利者和失败者带来灾难性经济后果的第一次世界大战并由此开启世界经济历史新篇章之前的最后一波创新浪潮。然而，对于"第二次工业革命"的确切含义及其起始时间，存在不同的观点。

第二次工业革命?　　粗略地看，在经济史和技术史的描述中可以确定关于"第二次工业革命"的两个基本立场。盎格鲁－撒克逊的参考文献，尤其是美国的文献将向大规模生产的转移称为"第二次工业革命"，而德国文献则更关注 19 世纪末的新工业。这些不同的视角可以用各自国家的经济史加以更为清晰的阐释。例如，对于美国的经济而言，第一次世界大战并没有像对于欧洲，特别是中欧的经济那样代表一个可以类比的转折点。与此同时，铁路建设和钢铁的大规模**大规模生产**　　生产对美国经济的改造要晚于西欧和中欧，而美国的大众消费的开启则要早得多。在美国，诸如在钢铁生产领域的大规模生产的开始与大众消费的开启相隔的时间远不像欧洲那样漫长。因此，美国的经济史学更多地将 30 年代早期的全球经济危机视作一个转折点。从该视角看，**"泰勒主义"**和第一次世界大战前不久在福特公司首次成功运营的汽车流水线生产形成了"第二次工业革命"的高潮。

科学的企业管理（"泰勒主义"）

美国人弗雷德里克·温斯洛·泰勒（Frederick W. Taylor, 1856—1915）被视为劳动分工和工作去技能化以及"科学的企业管理"的先知。作为一家大型钢铁公司的机械师和工程师，他观察到通过科学的论证以往仅仅通过经验和规律加以规范的工作流程，可以更好地利用工厂里的人力。因此，自 1882 年以后，他一直尝试借助秒表来测量和优化工作流程。自 1890 至 1901 年，他以一个独立的合理化顾问的身份致力于传播其思想，并最终于 1911 年在其主要著作《科学管理原理》中进行了总结。在该部著作中，他相信通过科学的企业管理不仅可以提高个人的工作绩效，并进而提高工作效率，而且他也坚信自己已经找到了雇主和雇员之间利益平衡点的关键所在。这是因为工人应当以工资增长的方式从生产力的进步中受益。

弗雷德里克·泰勒关于企业管理的论述
弗雷德里克·温斯洛·泰勒，《科学管理原理》，慕尼黑，1919 年，第 150 页。

我坚信，选择基于科学的管理方法和工作方式，是提高雇主和雇员的效率、更好发挥其力量，进而实现劳资双方在共同的工作中所追求的利益的平等分配；因为它们的唯一目的是创造下述劳资关系，即在于所有相关时刻作出的公正的科学调查的基础上，给予各方平等的权利……

> 　建立在科学基础之上的企业运营方法和工作方法，并不一定需要伟大的发明，也不一定需要发现全新的、划时代的事实。然而，它们需要将不同的时刻组合起来，这是以往不曾有过的，即对传承的知识进行收集、分析和分组，并将其纳入法律和规则，从而从中产生真正的科学；除此之外，还会引发有关工人及管理层的义务、工作和责任观念的彻底改变。

　　在欧洲，汽车大众化和大众消费直至第二次世界大战后才开始出现，因此即便在经济和技术史的研究中，"第二次工业革命"极少与欧洲的大规模生产联系在一起。尽管如此，技术史学家沃尔夫冈·柯尼希（Walfgang König）强调，理性生产是大众消费的必要条件，但不是充分条件，这是完全正确的。生产友好型建筑、标准化和自动化以及材料、能源和信息流通的增多使商品变得更便宜，从而为 20 世纪的消费社会创造了先决条件。然而，生产的合理化是整个工业化的特征，而不是"第二次工业革命"的特征。

新的创新文化

　　因此，尤其在德国，"第二次工业革命"一词长期以来被认为是有充分论据的，因为自 19 世纪晚期以来，技术进步不再依赖于经验主义者（通过"修修补补"）的支撑，而是从现在起，现代的、有针对性的自然科学方法首次被应用于工业的研发。系统性的研究代表了这种新的创新文化，而托马斯·爱迪生（Thomas Edison，1847—1931）在 19 世纪的最后 25 年里即通过这样的研究，不仅成功发明了从发电机到传动装置再到灯泡的一整套功能齐备的电力照明系统，而且能与燃气照明竞争。

　　但是，关于"第二次工业革命"论述的批判者强调，此种评论低估了第一次工业革命的发明成果，这也言之在理。因为即使自亨利·贝塞麦以来的钢铁生产革命也是自然科学知识实践应用的结果，即便作为基础创新的铁路，其功能的发挥也要以一整套发明系统（从钢轨到机车再到桥梁和隧道的建设）为前置条件。

合成材料的
开发

　　试图借助产品的新质量定义"第二次工业革命"也不具说服力。根据这一定义，诸如轻金属、塑料和其他化工产品以及新能源（水电、石油和核能）等新合成资源的使用塑造了工业化的新阶段。而事实上钢铁已经构成了一种合成产品，国民经济学家维尔纳·桑巴特 [①] 将煤炭加工成焦炭后使大规模生产钢铁方才成为可能视作位列蒸汽机之前最为重要的现代技术成就，进而在"典型"的工业革命中凸显了钢铁的重要性。

　　因此，下文将不会论及"第二次工业革命"。然而，毋庸置疑的是，自 19 世纪 70 年代以来，重工业领域的主导部门复合体丧失了在德国工业化进程中的"火车头作用"，并在经历了一个过渡期后被新的主导部门，特别是电气工程工业，但也包括化学和光学工业以及车辆制造业所取上述主导部门被统称为新工业，而它们留下印迹的工业化阶段被称为新工业阶段。

[①] 维尔纳·桑巴特（Werner Sombart，1863—1941），德国社会学家、思想家、经济学家，早年在柏林和罗马学习法律、经济学、历史学和哲学，受马克思主义影响较大，后期更多受到韦伯和历史主义的影响，对社会学理论的主要贡献集中在宗教社会学和经济社会学领域，代表作《为什么美国没有社会主义》等。——译者注

一、旧主导部门的活力衰减

大萧条　　　　旧观点认为德国经济从 19 世纪 70 年代中期开始进入大约延续 20 年的停滞阶段，但现代研究基本上一致认为，鉴于德国经济的持续扩张趋势，从 70 年代中期到 90 年代初期的"大萧条"根本无从谈起。然而，事实仍然是，德国工业化的典范部门在此期间基本上失去了增长的动力。

自工业化在欧洲取得突破以来，德国人民自德意志帝国成立后不久第一次经历了增长持续疲软，尽管拥有现代化的经济结构。工业化第一阶段（轻工业）的低迷几乎没有影响到欧洲大陆，因为只要欧洲大陆没有值得一提的纺织工业，即感受不到纺织工业增长动力的衰减。在德国和欧洲大陆的许多其他地区，发展纺织工业几乎没有什么意义，因为在这一时期英国的纺织工业仍然被视作是国内（主要是尚未工业化的）纺织手工业的生存威胁。

如今，德意志关税同盟的成员国已经利用工业化的第二阶段追赶上了"世界工厂"，因而不必再像 19 世纪 20 年代至 40 年代那般担心优势竞争。就此方面而言，70 年代的经济衰退是一种新的经历。另外两个因素加剧了此种境况：其一，经济波动不再是单个国家国民经济的问题，而是全球经济的相互依存已然如此深刻，以至于领先的工业国家与世界市场同频共振。这意味着，德国钢铁需求的下降以及德国钢铁工业的产能过剩无法通过向其他国家出口予以抵消。因为国外最主要的客户的销售市场同样不振，与此同时，国际钢铁市场上最重要的竞争对手正试图通过增加出口解决其国内经济问题。其二，德国经济的独特问题是，在德国 70 年代初的繁荣时期（**"创业热潮"**），几乎所有行业的产能扩张极为强劲。

创业热潮

对于德国国民经济而言，19 世纪 70 年代初的增长条件在各个方面都出色非凡。60 年代末前后，经济已经开始腾飞，但 1870 年因对法战争而暂时中断。战争胜利后，帝国建立了统一的经济体，不仅增长动力突破了政治枷锁的束缚，而且强劲的经济乐观主义和以全新的维度实施的项目为自 1871 年起开启的经济繁荣赋予了近乎巨无霸型的特质。在货币方面，法国高达 50 亿法郎的战争赔款也推动了经济增长——这在当时是一笔巨款。在实体经济方面，"创业热潮"主要由重工业支撑，铁路在德国历史上最后一次作为需求者发挥了"火车头功能"。煤炭、钢铁和机械制造尽管最大限度地利用了产能，但已无法满足需求。因为需求没有减弱，导致价格上涨，于是产能迅速扩张，利润则无限飙升，而预期的收益更是如此。

尽管经济衰退对整个国民经济造成了全面冲击，但在经济和政治上极其重要的两个部门受到的打击尤其严重：钢铁工业和农业。经济增长势头的放缓于 1873 年危机过后立即引发私营铁路公司重新进行思考。虽然"创业热潮"期间的经济高度繁荣促成对这一时期新规划的某些铁路线路仍将产生盈利的预期，但如今货运需求的周期性下降导致了相反方向的情景假设。因此，铁路网络的扩张于较短时间内即宣告中止。铁路公司宁愿接受新线路的特许经营权到期的事实，也不愿修建可预见的无利可图的线路。钢铁行业最先感受到了铁路需求的下降，而且由于铁路建设周期较长，预计在可预见的未来不会有任何变化。

钢铁工业的危机

德国的钢铁工业家从来不是坚定的自由贸易者。他们在政治上也具有足够的影响力，成为关税同盟中唯一一个对半成品实施关税保护的重要工业领域，并于 1844 年征收生铁关税。德国最后一次对生铁、粗钢和（钢质）船舶征收的进口关税直至 19 世纪 70 年代初才被取消。从钢铁工业的角度看，问题的解决本质上是政治性的：重新设立关税壁垒以保护内部市场。

利益组织　　在企业家内部以及面向国会大厦和帝国政府落实上述要求的一个重要工具是代表企业家利益的协会组织。商会不适合代表一个行业的利益，它们代表了某一个地区的企业家群体，他们的取向是（现在仍然是）区域性的。过去的实践表明，现有的行业协会在落实经济和政治要求方面过于孱弱。如果要对保护性关税进行成功游说，就需要一个"各类协会的总会"，而保护性关税论者必须在其中发挥舆论的领导作用。当有关关税政策的争端最为激烈之时，一个这样的协会于 1876 年应运而生，即德国工业家中央协会。保护性关税论者，特别是重工业家，很快即掌控了该协会并明确了协会的政策。尽管 90 年代诞生了新的竞争对手，但直至德意志帝国消亡，重工业在企业界的霸权地位一直固若金汤，特别是德国工业家中央协会与普鲁士和帝国的政府都有着非同寻常的关系。因此，历史学家哈特穆特·凯尔伯 [1] 将德国工业家中央协会描述为"民间工业部"。

---

[1]　哈特穆特·凯尔伯（Hrtmut Kaelble，1940—　　），德国当代历史学家，早年就读于柏林自由大学并获博士学位，后在柏林洪堡大学任教，以欧洲社会史和比较社会史研究见长，代表作《欧洲社会史（1945 年至今）》《历史的比较》等。——译者注

帝国议会议员、上西里西亚重工业家弗朗茨·冯·巴勒施特雷姆伯爵 [1] 于 1875 年底在帝国议会上关于实施钢铁关税的讲话《德国的关税和贸易政策（1873—1877）》。《在德意志帝国议会上关于关税和贸易政策的讨论》，柏林，1879 年，第638 页。

我想代表一个伟大的、爱国的工业界发言，它在帝国的不同地区雇用了成千上万名工人。（……）先生们，如果你们走访一下钢铁行业的工业企业，你们会发现，它们当中的大多数已经处于亏损状态。（……）现在人们可以反对说，造成这般困境的原因是暂时的。我承认，原因的一部分是暂时性的。（……）但它们在一定程度上具有永久性。至于这种永久性，现在可以确定的是，贝塞麦钢将永久占据市场，谁能以最便宜的价格生产贝塞麦钢，谁就将主导这个市场。我们目前在德国无法像诸如英国那般便宜地生产贝塞麦钢。因为我们的矿石不适用。（……）现在，我们的技术人员和化学家正在努力寻找一种工艺，使我们的矿石符合生产这种钢的要求。先生们，请给工业界一点时间，让我们的技术人员能够找到这个工艺，这将使国内的工业再次具备与其他国家竞争的能力。

农业的情形则截然不同。与整个欧洲相比，关税同盟的对外贸易政策在帝国建立之前都是更为自由的，这也符合东易宾（容克）的粮食作物规模种植农业的利益，该农业生产方式不仅具有政治影响力，而且成了整个农业的代言人——尽管在某些情形下利益诉求的差异性显著，但总体而言，它仍然是一个重要的经济部门。

农业危机

---

① 弗朗茨·冯·巴勒施特雷姆伯爵（Franz von Ballestrem，1834—1910），出生于德国贵族家庭，早年就读与耶稣会学校，后加入普鲁士军队，参加了普法战争，1872 年当选德意志帝国议会议员，1898—1906 年任帝国议会议长。——译者注

与小农企业不同的是，东易宾的粮农很大程度上依赖粮食出口，并因此常年生活得很惬意。然而，自19世纪70年代中期开始，他们不仅日益失去传统的出口市场，而且产自俄国和美国的粮食还于70年代的后5年甚至挤进了德国市场。蒸汽轮船在欧美航线的运输使得运输费用极大降低，以至于易北河以西的美国小麦的价格比德国东部的小麦还要便宜。鉴于全球经济竞争的严峻形势，农业最终转入保护性关税论者的阵营。

"黑麦与钢铁联盟"

除具有强大政治影响力的"黑麦与钢铁联盟"的鼓动之外，不言而喻的是，帝国政府的财政和政治考量对于贸易政策的变化也起到了决定性的作用。在财政上依赖于各个邦国的帝国指望从粮食进口中获得可观的关税收入。虽然征收铁关税与财政无关，但俾斯麦首相坚信，从长远看，持续的萧条和随之而来的失业将导致对国家构成威胁的社会民主力量的增强。《反社会党人法》与关税改革几乎同时颁布，这并非巧合。自由主义者和自由贸易主义者对这个由农业、钢铁工业和帝国政府组成的联盟无能为力。1878年10月，农业和工业保护性关税论者的阵线在帝国议会赢得了多数席位，不久之后即正式对谷物和铁征收关税。

尽管有上述的历史背景，将贸易政策的转折点仅仅归结于俾斯麦和帝国政府对由新（重工业家）旧（封建）精英组成的"联盟"的一种服从行为是不正确的。对于帝国政府来说，财政是新贸易政策考量的重要方面。因此，代表财政的势力于1875年前后加入这个联盟，而不是像经常声称的那样只是被利用了。

由于粮食关税的征收最初主要是出于财政动机，几乎　　**粮食关税**
没有起到抑制粮食进口的作用。对 4 种主要进口谷物、马
铃薯和肉类的价值加权平均值的较新统计表明，从 19 世纪
70 年代初到 80 年代末，进口在总消费中的占比几乎增长
了 2 倍。因此，提高粮食关税的呼声于 80 年代持续不断，
并取得了成功。至 1887 年，俾斯麦政府将谷物关税提高
了 4 倍，当时小麦的关税已达到世界市场价格的四分之一
左右，而黑麦的价格甚至达到三分之一。

卡普里维 [①] 政府于 19 世纪 90 年代初与奥匈帝国、俄
国和罗马尼亚缔结的商务条约以及对粮食关税的适度削减
暂时削弱了农业保护主义。但 19/20 世纪之交后，比洛 [②]
政府再次屈服于大农场主的压力，在卡普里维签订的商务
条约到期后，再次将关税税率提高了 30%—100%，由此
除黑麦外，其他粮食商品的税率甚至高于 1887 年的水平。

除了农业保护主义对粮食种植业的影响，表 4-1 还
以养猪业为例展示了对畜牧业的影响。首先，粮食关税开
征后，畜牧业受到饲料价格上涨的不利影响。谷物关税增
加了生产成本，使德国畜牧业处于劣势地位。这便解释了
直至 19 世纪 90 年代中期猪（猪肉）的负保护率。由于同
一时间从波兰进口的生猪压低了价格水平，因此畜牧业在
19/20 世纪之交之前即面临着与 25 年前的粮食经济类似的

[①] 列奥·冯·卡普里维（Leo von Caprivi，1831—1899），德国军事
家、政治家，早年加入普鲁士军队，先后参加过普奥战争、普法战争，
并建立卓越战功，1890 年接替俾斯麦担任德意志帝国首相。——译者注

[②] 伯恩哈特·冯·比洛（Bernhard von Bülow，1849—1929），德
国军事家、政治家，出生于外交官家庭，参加过普法战争，1900—
1909 年间任德意志帝国首相，在任期间奉行世界政策，同其他老牌
殖民强国在全球范围争夺殖民地。——译者注

压力。然而，进入世纪之交后，德国的养殖户受益于兽医壁垒对生猪进口的限制，其结果不仅抵消了粮食价格保护的影响，甚至确保了对生猪价格的保护几乎不逊于对小麦。

表 4-1　德国部分经济领域的有效保护率

	1883— 1885	1894— 1896	1900— 1902	1911— 1913
生铁 / 钢铁厂	12	11	28	8
独立的轧钢厂			−2	−2
铸铁厂	−9	−10	−10	−5
黑麦	9	45	35	44
小麦	7	33	28	36
猪（肉）	−1	−3	26	27

资料来源：R. 蒂利（R. Tilly）著，《从关税同盟到工业国家》，德译本第14 版，第 220 页。

铁税　　　　起初，工业关税也只是在一个适度的水平。此种保护大致相当于关税同盟时期已知的程度。然而，与农业关税相反的是，工业关税即便后来也没有呈现出禁止性的特征，因为德国工业过去和现在仍然具有国际竞争力。尽管如此，关税对于某些行业的进一步发展也相当重要。一方面，生铁和半成品钢材的生产商通过高度卡特尔化设法维系国内价格的高企，同时在国外市场通过倾销价格打压竞争对手，另一方面，铁加工产业发现自己囿于国内价格昂贵而处于相较于外国产品严重的竞争劣势（见表 4-1）。不仅如此，与英国相比，农业保护主义人为抬高的食品价格也使得劳动要素更加昂贵，由此显著削弱了德国工业相对于英国工业的工资成本优势。

尽管如此，最近就关税政策对 1878 年之后德国经济影响的研究得出的评价相当积极。在国内市场需求疲软时期，保护性关税和国家**工业卡特尔**相结合，可以更系统地利用出口业务以保持产能的持续充分释放。新增投资的风险预期显著降低，投资意愿得到提升。在此方面，关税保护通常不会导致技术落后产业的存续，而是通过不断新注入投资实现的生产率提升阶段性确保了德国钢铁工业的国际竞争力。

卡特尔

卡特尔的目的是通过参与卡特尔的企业间的协商以消除相同或类似产品的供应商之间赤裸裸的破坏性竞争。然而，为了使卡特尔发挥功效，它必须达到一定的最低市场份额。

只要德国没有禁止卡特尔，便存在各式各样的卡特尔。因为卡特尔协定中的达成一致的类型大相径庭，不存在任何单纯仅限于就定价达成谅解的价格卡特尔。在此基础上，配额卡特尔还商定了具体的生产和销售配额。这是为了防止因报价过高而导致卡特尔价格在市场上无法得到执行。最终，在辛迪加中，整个生产部门，而不仅仅是单一的产品，都可以服从卡特尔的指令。作为"困境的孩子"，卡特尔的存在很大程度上与经济衰退有关。因此，当经济好转时，大多数卡特尔解散。然而，它们在下一次经济低迷期重新出现的情形并不罕见。

对卡特尔开展科学研究的先驱弗里德里希·克莱因瓦赫特（Friedrich Kleinwächter）关于卡特尔产生条件的论述（1883年）弗里德里希·克莱因瓦赫特著，《卡特尔》，因斯布鲁克，1883年，第143页。

我的几位线人一致强调，也许德国和奥地利现有的大多数卡特尔都是（……）"困境的孩子"。在1870至1873年的

> 商业繁荣时期，德国可能也成立了一些钢铁卡特尔，其目的是
> 利用有利的经济形势发展钢铁厂，但这样的卡特尔为数很少。
> 大多数卡特尔自 1873 年年中以来即已存在，旨在是通过部分
> 减产以遏制前些年生产过剩引发的价格下跌。困境使人们更加
> 温顺，并促使他们团结起来，用团结的力量应对共同的危险，
> 而在好的年景，当关乎好处时，每个人都力争为自己攫取尽可
> 能多的利益。

仅 1879 至 1886 年间，德国即成立了约 90 个卡特尔，其中大多数是价格卡特尔。该发展态势的先导之一是，尽管有新的关税壁垒，但或许正是因为如此，钢铁行业拥有 18 个卡特尔。

尽管原材料卡特尔一般存续时间不长，但从长远看，最重要的卡特尔关乎一种原材料：煤炭。1893 年 2 月，莱茵－威斯特伐利亚煤炭辛迪加成立，在狭小的鲁尔矿区分配了 87% 的生产配额，集中进行销售并锁定价格。尽管取得了相对成功，但莱茵－威斯特伐利亚煤炭辛迪加也未能主导德国的市场。直至第一次世界大战爆发，德国的煤炭市场被分为"有争议的"和"无争议的"子市场。最"有争议"的煤炭销售区域是德国的北部。上西里西亚、下西里西亚、威斯特伐利亚、萨克森、英格兰、威尔士和苏格兰的煤炭生产商在各自的市场上展开竞争。唯有帝国的西部和南部才属于"无可争议"的销售区域。

在无可争议的地区，辛迪加的管理层可以指望对煤炭的需求与价格的关联度不甚紧密。因为没有相关的外部供应商，且该资本密集型行业的市场准入壁垒极高，所以他们几乎不用考虑可能的替代性竞争。因此，辛迪加可以将

煤炭的售价定得高于自由定价时可能形成的价格。然而，上述行为的前提是将煤炭的开采和供应量维系在低于矿井直接竞争的水平。有鉴于此，各家企业在繁荣阶段的扩张可能性都受到了限制。

执行如此严格的垄断政策在德国经济中是独一无二的。没有其他卡特尔能够像煤炭集团那样在"无可争议"的子市场中严格地行使其在市场上的权力地位。尽管莱茵－威斯特伐利亚煤炭辛迪加的销售价格在发生危机的1901年达到了最高点，但其他德国辛迪加却无法阻止其销售价格在那一年的崩溃。

尽管作出了一些尝试，但在第一次世界大战爆发前，德国并没有反卡特尔的立法。造成此种情形的原因之一可能是几乎所有卡特尔都未能使自己永续不倒。但也许更为重要的原因是各个利益集团之间的相互阻挠。因为就经济政策而言，企业家并不是一个不可分割的整体。相反，长期以来，由于行业利益各有不同，甚至常常对立，他们很难建立起强大的利益组织。因为正如铁的消费者对铁关税的出台并不满意一样，"无可争议"的子市场中的能源消费大户对煤炭辛迪加的组建也难以表示欢迎。

对于一些原材料和能源的大客户来说，解决上述问题的办法就是让自己不受制于市场的定价，即转而一方面除自行生产商品外，也经营原材料的供给，另一方面对生产出来的商品进行深加工并自行销售。原来由独立的、功能专业化的、依照市场规则往来的企业履行的原材料采购、生产、销售、运输、融资等各种不同的职能，通过纵向的集中整合由大型企业一手垄断。如此一来，上述职能越来越多地在一个正式的组织里——而不是通过市场——结合起来。

企业的整合

职员 　　企业的整合要求企业内部越来越精细化的分工。这便产生了一个新的社会群体，它同样承担了诸如决定类、工作筹备类、监督类和置办类活动的经营管理职能：职员。在工业化初期，职员是企业家的"左膀右臂"，他们对企业的内部运行了如指掌，并被赋予重要的经营管理职能。随着企业内部管理职能的分化，秘书和簿记员变得越来越必要，他们不仅在职能上有所区别，而且在同企业家的相对亲近程度方面也有差异。现代企业中这一新的职能群体的标杆即为国家行政部门的公务员。因此，直至进入 20 世纪，该职业群体的成员也被称为"私人公务员"。

　　除办公室的职员外，随着生产技术差异化的不断增大以及机器和设备的日益专业化，技术型**职员**的数量也随之增多：工程师、设计师、制图员和车间主任。随着企业管理的科学化，企业统计、营销、广告和销售等方面需要越来越多的职员。大型企业中还增添了在研发和法律部门以及企业医疗服务部门工作的具有学术教育背景的职员。

职员

　　立法机构从未对"职员"与"工人"进行过令人满意的界定。第一次世界大战之前，《社会保障法》将"职员"定义为一类人，而这一定义仅限于对职员职业的列举。

　　从 19 世纪末到第一次世界大战，随着企业规模的扩大，职员的数量急剧增加，尤其是归属中下层员工的范畴，即从事简单的办公室工作。1882 年职员人数约为 30 万人，相当于在工业领域，职员与工人的比例为 1∶40。至 1907 年，这一比例变为 1∶12。

　　1907 年，在总计 130 万员工中，女性的比例迅速增长。

随着办公室工作的分工细化以及和纯粹文书岗位的形成，特别是在 19/20 世纪之交前后打字机的普及后，第一批女性走进了办公室。早在第一次世界大战前，速记员和秘书就是典型的"女性职业"。但人员的流动很频繁，因为许多女性职员在结婚后就离别了岗位。不仅如此，与其男性同事不同的是，她们事实上不可能在企业内部晋升为中层管理人员，更不用说进入企业的领导层。

在某些行业，大型企业的组建意味着总产量的很大一部分分散在少数企业的手中。无论是煤矿还是钢铁工业，都不可能存在通过形成垄断消除竞争的问题。但即使是这种在某些情形下可以被描述为寡头垄断的市场结构，也绝非整个德国国民经济的典型结构。例如，最大的 50 家纺织企业在该行业总产量中的占比仅为 5.5% 左右。

二、国家的新角色

自由贸易是自由主义计划的核心，自改革时期以来，自由贸易计划寻求逐步消除国家对市场活力发展的束缚，总体而言，这项行动也非常成功。然而，19 世纪 70 年代标志着这一发展的顶峰和终结，因为保护性关税只是新国家干预的冰山一角。最晚至 80 年代初，国家在基础设施和货币政策方面对其在经济生活中的作用有了全新的认识，其目的不是像以往那样再次约束工商业部门。就此而言，"新重商主义"这一当代战斗性的概念也具有误导性。公共部门新的自我形象更多体现在对国民经济的生产和分配进行不断变更地干预，而原则上不触及经济秩序的市场经济构成。

干预国家　　　第一次世界大战之前，国家远没有拥有 20 世纪晚期福利国家所具备的资源。公共部门占据的国民生产总值仅为 5%—7%，远低于 20 世纪的水平——该国家占比从魏玛共和国时期的 15%—20% 上升至 20 世纪下半叶一度超过了 40%。然而，在"创业热潮"过后的经济增长疲软时期，自由主义原则的声名扫地可以被视为现代国家干预主义在德国的诞生。因为仅仅关注国家干预的数量的可能性会扭曲国家在经济中的新角色。

　　通过国家干预对自由资本主义经济发展表面形的和实质性的赤字加以控制的尝试所涵盖的政策领域非常广泛，而不是仅仅影响到帝国——帝国的职责除贸易政策外，本质上只是聚焦于金融和货币政策。因此，帝国的国家干预主义至少应由各个邦国、地区和市政具体实施。

金本位货币　　　新成立的帝国在经济政策领域的首个重大功绩即为实现了德国货币政策的统一。新的马克货币是一种金本位货币，如同英镑一样。关税同盟国家最重要的硬币，即塔勒和古尔登，均为银制流通货币。从塔勒和古尔登货币转换到马克货币意味着不仅创建了新的计量单位，而且流通的资金（与今天不同的是，它们以硬币为主）几乎必须完全予以替换，并用新的金属货币支付。

马克作为货币

　　1871 年 10 月，新的帝国联邦委员会通过了一项铸币法，引入"帝国金本位货币"作为标准硬币。该货币被称为"马克"，构成了帝国新的计量单位。德国首次按照十进制将该货币划分作 100 芬尼。德国统一金本位货币的诞生得益于法国 50 亿法郎的战争赔款。在很大程度上，它为铸造帝国金本位货币提供了原材料。由于数量不足，旧的塔勒和古尔登银币^①在最初一段时间仍然流通。

货币流通的"去银币化"始于 1874 年。然而，直至 1876 年才达到值得一提的程度。由于当时德国并非唯一一个从银制流通货币迈向金本位货币的国家，导致 19 世纪 70 年代中期世界市场上的白银供给量增多，而同期黄金供给量减少，因而旧的白银／黄金价值比的发展不利于白银。其结果是，虽然可以实现货币流通中的去银币化，但白银的出售会给国库或作为中央银行的帝国银行带来巨大损失。由此导致的货币储备减少引发了货币供应量的收缩，这在工业化进程开启以来最严重的萧条期对利率产生了致命影响。由于当时帝国银行还没有意识到货币政策和经济政策之间的关联，它近乎下意识地通过提高基准利率应对货币储备的萎缩。

1879 年 5 月宣告的中止白银出售缓解了对中央银行贵金属储备的压力，并给经济带来了一些喘息空间。然而，此种想法的改变并非出于经济政策，而仅仅是出于财政方面的考量。因此，公众对此反应满腹狐疑。质疑并非无缘无故，他们从中看到了与保护性关税立法之间的密切联系。因为金本位货币代表开放的世界贸易，而与英镑的固定汇率则完全代表与（经济）自由主义大本营的联系。所有这一切都让金本位货币在其问世不及十年后便再次受到质疑。

在德意志帝国，各个邦国负责经济政策的大多数领域。因此，国家对市场经济发展活力的干预并不是全面

邦国的职责范围

---

① 含有银的硬币，在一些地区流通，但不是主要货币。——译者注

的，而是在不同时期和不同强度的地区性干预。然而，在此方面，作为德意志帝国最大邦国的普鲁士发挥了先锋作用。正如放弃自由贸易的示例业已表明的那样，当国家干预服务于保守的经济和／或政治利益时，路线的改变易如反掌。

区域性的共同富裕

此种关联在财政政策中尤为明显。普鲁士很早即制定了一系列促进区域金融均等化的金融政策工具。其直接原因是国家公路网被移交给省或乡镇一级的政府部门。只有各个地区和省在财力方面同时具备胜任新任务的能力，此种移交方才能够实现。自 1873 年以来流向各个省的国家拨款（"赠予"）的分配极具争议。虽然西部（富裕的）、政治上更加自由的省要求根据其贡献率进行资金分配，而东部（贫穷的）、但政治上更加保守的省则强调他们的"需求"。虽然最终的结果是妥协，但此种妥协更接近东部省的意图，而不是西部省的设想。以"国家和人民"为依据的分配方式规定，总额中只有一半按人口分配，另一半依据各个省的面积进行分配。因此，相对于作为替代方案讨论的分配要点，面积相对较大但人口稀少的东部诸省在此情形下显然是更大的受益者。

与钢铁和粮食关税以及铁路国有化的情形类似的是，在东部和西部之间的再分配更多被阐释为容克施加影响的结果。然而，普鲁士国家于接下来的数十年里奉行的基础设施政策映衬出此种对普鲁士财政政策的解读过于片面。不可否认的是，容克的关注对促进东部省的发展具有重要的辅助作用，但同时——而不仅仅是事后来看——赠予法案构成了旨在对财富进行区域再分配的区域性和跨区域的财政平衡政策的开端。

无论怎样，其结果是东西部人均收入落差的加剧得以避免。正如当代统计已经展示的，东部省（波森①除外）的公路建设基本上与普鲁士中部和西部的省同步进行。如果没有区域的财政平衡，这样的政策是难以想象的。因此，赠予政策不仅可以被阐释为现代区域财政平衡的最初萌芽，而且也可以阐释为区域性国家基础设施政策的根基。

19世纪70年代的后5年，有关交通政策的争论几乎完全围绕国有化问题展开。因此，从实质上看，交通基础设施政策仅限于重要性相对较小的道路建设。然而，自80年代以来，支线铁路建设政策和90年代中期以来的小型铁路政策一直是普鲁士国家财政的关键因素。鉴于直至70年代，普鲁士的铁路几乎全部建在出于有利可图的考量而被视作交通量充足并且能够带来预期收益的地方，因而铁路网络的区域密集化也呈现出明显的自东向西的落差趋势。尽管普鲁士国家在此方面的表现与私营铁路公司没有什么不同，但通过国有铁路的垄断缩小地区差距是国有化倡导者的一个重要论据。

交通基础设施政策

"二级"或支线铁路

首部国有化法案于1879年12月颁布仅两周后，普鲁士下议院即决定通过建设10条所谓的"二级铁路"拓展国有铁路网络。根据现行适用的铁路法规，允许通过建造成本低得多的"次重要的铁路"扩展铁路干线网络。通过设计更陡的坡度和更大的曲线实现在建设和运营方面的节约，从而可以避免昂贵的桥梁或水坝建设。由此对运营形成的掣肘，特别

---

① 普鲁士王国的省，被视为波兰的发源地，今波兰中部波兹南。——译者注

是对速度的限制，还可以限制对铁路的监管。与铁路干线不同的是，建设成本并不完全由普鲁士国家承担，而是通常由感兴趣的地区和乡镇必须为此无偿提供必要的土地。

至于哪些铁路将被修建为铁路干线，哪些为支线铁路，立法机构并没有作出定论。但实践证明，但凡只能作为通往铁路干线而不适合用于直达交通的铁路都是作为支线修建的。

小型铁路

如今，小型铁路通常被理解为窄轨区间铁路。然而事实上，无论是在定义上还是在实践中，小型铁路都不能等同于窄轨铁路。更确切地说，此类铁路不属于1838年颁布的《普鲁士铁路法》管辖范围的其他范畴。此类铁路具有两方面的优势。首先，它们的建造成本比支线铁路（例如窄轨铁路）便宜得多，其次，感兴趣的私人团体以及地区和乡镇可以充当铁路运营商。自从1895年小型铁路的建设得到了由普鲁士国家拨款设立的一支基金的支持以来，普鲁士的小型铁路开启了短暂的繁荣时期，但在第二次世界大战到来前，在某些地方即已无法与卡车抗衡。此类铁路中只有少数留存下来，20世纪70年代开始，越来越多的博物馆协会承袭了铁路事业的传统养护。

对"乡间"的开发

自铁路国有化以来，铁路建设的区域布局效仿了公路建设。西部省的线路网络拓展了约66%，东北部省的线路网络拓展了近150%。尽管普鲁士采取了积极的建设政策，但它不可能亲自建造所有为当地"利益相关方"所要求的、为铁路管理部门所认同的有意义的线路。因此，在19世纪90年代中期，代表农业利益的人士不顾普鲁士财政部长的抵制，成功促成了对小型铁路的国家援助。这引发了90年代后5年名副其实的轻轨建设热潮。在此种情形下，人口稀少、以农业为主、迄今为止在铁路开发方面明显不足的省，尤其是波美拉尼亚和石勒苏益格－荷尔斯泰因，也成为主要受益者。威斯特伐利亚和黑森－拿骚两个省排名垫底。

除奥尔登堡外，其他德意志邦国都没有效仿普鲁士。造成这种情况的原因可能是多方面的，但最重要的原因在于，德意志帝国没有任何一个邦国的财政状况可以与普鲁士相提并论，因而无法建立起可以媲美普鲁士的密集的国家铁路支线网络。在此种情形下，对非国有铁路项目的补贴在政治上很难落实。唯有在巴伐利亚和萨克森修建了标准轨距的"区间铁路"或窄轨国有铁路线路，而其功能与普鲁士的小型铁路非常相似。然而，那里并没有出现支线铁路加密了干线铁路网络的现象，而在农业发达的普鲁士省波美拉尼亚省和石勒苏益格－荷尔斯泰因即是此种情形。

小型铁路有助于乡间交通的开发。它们在赶集的日子里把农民带到县城，为村庄运送人造肥料，为糖厂运送甜菜。只有在极少情形下，将工人从周边地区运送到城市才是小型铁路的一项重要业务分支。因为直至第一次世界大战之前，车票的价格相对于工资来说过于昂贵。在大城市的情形则截然不同，18/19 世纪之交后，柏林（不含市郊）的市区直径已长达 15 千米，汉堡则有 10 千米。在此种情形下，高效的市内交通系统是城市发展的先决条件。

城市的交通基础设施

当地的政治家很早即认识到，交通运输是定居政策、城市中心分散化和城市总体发展的重要工具。但正是囿于私营交通企业——它们不情愿或只是勉为其难地对城市郊区及城市周边地区进行开发——在数量上的不充分，这才让地方当局清楚地意识到，不考虑盈利能力的交通政策是必要的，并且可以更多或者完全通过公共运营的模式实现该项政策。然而，市郊交通的市政化进程却旷日持久，特别是因为与小型铁路不同的是，它通常不能指望得到普鲁士国家或各个省的财政支持。19/20 世纪之交前后，普鲁士共有 26 条铁路，其中 11 条归属市政管理。虽然地区运营的案例不断拓展，但直至 1913 年仍然有一半的铁路掌握在私人的手中。

在 19 世纪的最后数十年里，市郊交通并非地方当局面临的唯一新式的任务。它们还必须为在狭小的空间中共同生活的、不断增多的居民和入驻当地的企业提供服务，而出于更有意义的考量，不应将上述服务再交由市场经济进行调节。因为正如单纯以微观经济的盈利为导向的交通开发单方面地忽视了重要的领域，全国范围内的淡水、做饭、取暖、照明、动力能源的供给，以及污水、粪便和废物的处理，均无法通过私人经济加以实现。

城市卫生　　城市卫生从一开始即是公共部门主导的领域。虽然不卫生的情况并不鲜见，但城市化进程使得这些状况变得难以忍受。针对伤寒和霍乱等流行疾病以及其他肠道和胃部疾病的蔓延，必须采取迅速和彻底的行动。成果也确实令人印象深刻。19 世纪 70 年代中期，所有超过 1 万居民的德国城市中只有少数具备供水能力，许多大城市当时甚至还没有开始修建第一批供水管道。然而，仅仅四分之一个世纪后，帝国所有 150 个最大的城市都拥有了现代化的供水系统，唯一的问题是饮用水管道里的水是否始终达到饮用水质。

工业的环境污染　　至 19 世纪末，工业造成的环境污染已发展成为一个严重的问题，特别是在纺织和重工业中心。尽管帝国贸易法规原则上认同污染者付费原则，即可能"对邻近地产的所有者或居民乃至公众带来很大的不利、危险或滋扰"的企业必须获得批准，但工商业的官员们对此基本无能为力。因为一旦企业已经设立，几乎没有什么办法可以用来对付它，因为在这之后政府部门采取的所有举措都不得损害企业的经营。针对工业企业的诉讼在法庭上也几乎没有机会，即使不能立即驳回对原告（例如农民）在经济利益方面蒙受的损失。法院会以下述解释应付了事，即因为毕竟关乎的是一个工业区域，所以一定的负荷也是司空见惯的。

在大气污染的情形下，对邻近地区的影响有时可以通过设定烟囱的高度加以缓解。污染物应当尽可能地在一定的高空被稀释，以至于无法再被感知到。向河流排放污水也与之相似。在此方面必须接受的是，诸如鲁尔区北部的埃姆舍河等较小的河流被视为排水的沟渠，应当将污水运送至莱茵河，然后最迟在北海被稀释至无法感知的程度。

1914 年，为了回应莱茵河下游渔业租户对埃姆舍河的苯酚污染的投诉，主管的土木工程监督官员向杜塞尔多夫的政府主席建议，"将埃姆舍河水引至莱茵河中部，直至达到中水的体量。从此处开始最好确保充分稀释，而且鱼类也不会在此逗留。这一措施可能会一举解决莱茵河的整个苯酚问题。"［1914 年 6 月 17 日埃姆舍合作社草案审查记录，引自 B. 奥尔默（B. Olmer）著，《水——关于鲁尔区环境介质的意义和污染的历史（1870—1930）》，法兰克福 / 美茵河畔，1998 年，第 437 页。］

1901 年盖尔森基兴的伤寒疫情导致约 500 人死亡，令政府部门极度震惊。事实上，人们原本指望通过安装一个中央供水系统使问题得到控制。但其一，1900 年前后埃姆舍河流域仍有 18000 口饮用水井。其二，由于饮用水通常取自河水，中央供水系统甚至可能加剧这一问题。因为长期以来工业废水被认为对人类基本无害。

盖尔森基兴的伤寒疫情中的一名卫生员

R. 埃梅里希（R. Emmerich）著，《1901 年盖尔森基兴伤寒流行的原因》，1906 年，慕尼黑，第 168 页。

我在（……）霍乱疫情期间对那不勒斯、巴勒莫和君士坦丁堡的卫生条件进行了调查，发现卫生状况十分糟糕。（……）我了解里斯本、波尔图和马德拉岛上的丰沙尔的卫生条件，还知晓法国、奥地利和德国的一些城市的卫生条件，但在关乎排水、污水和粪便处理，（……）在关乎养猪业以及土壤污染的程度和广度方面，埃姆舍河谷遭受伤寒侵袭的区域的卫生条件之恶劣是我在其他任何地方都未曾发现的。

市政饮用水供给

虽然在建立中央供水系统后仍然有零星的流行病案例通过饮用水传播，但不可否认的是，德国各市政当局已经认认真真地解决好了这一问题。尽管有时也是出于财务方面的考虑，但当将现有的私人饮用水供给系统划归市政管理，或者建立新的市政饮用水供给系统时，公共服务几乎无一例外是优先考量的因素。完全以盈利为目的的私人供水的经验清楚地表明，迫在眉睫的城市卫生问题无法通过此种方式得到令人满意的解决。过于高昂的（垄断）价格、不充分的城市区域开发或者系统维护的不善是私营自来水厂的常见现象。

无论从技术抑或卫生的视角看，供水和污水处理之间都存在着密切的联系。虽然自来水厂通常可以盈利，但对于污水处理来说几乎没有可能。在此方面，出于财务的考量也有利于公共供给。因为只有通过运营公共供水系统方才能够为亏损的废水处理提供资金。此外，消防和环卫的用水需求可以通过建立自己的水厂更好、更低成本地予以满足。上述城市卫生和财务方面的考量最终意味着，在第一次世界大战前夕，超过 90% 的自来水厂归属市政所有。

财务考量在推行市政煤气供给方面发挥了更为显著的作用。供给经济的这一领域比供水的历史要悠久得多。第一批煤气厂早于 19 世纪 20 年代即已诞生，但直至 19 世纪中叶方才大量建成。当时，市政的参与还只是个例。虽然追逐盈利的供给系统的弊端（垄断定价、煤气质量低劣、城市各地区不充分的开发）很快即显现出来，但最初并没有走向市政化。一方面，人们对市场调节能力的信心并没有像 70 年代中期"创业热潮"过后那般动摇，另一方面，市政管理架构似乎也无法胜任应对复杂的经济任务。

煤气供给

然而，到了 19 世纪最后 25 年，此种情形发生了根本性的变化。各城镇发现煤气供给是一项重要的收入来源，因而公共部门在这一经济领域的参与度越来越广泛。到期的特许经营权合同通常不会续签，而私营煤气厂几乎只建在小城镇，其结果是，1913 年德国煤气厂的 67%（占德国煤气总产量的 82%）归属市政所有。

国家的新干预主义角色不仅覆盖了诸如对外贸易和基础设施这样的典型的经济（秩序）政策领域，还覆盖了**"社会问题"**。尽管工人阶级家庭的社会状况慢慢开始改善，但疾病、残障、老龄和失业仍然对生存构成威胁，并有可能将工人阶级家庭推向饥饿的边缘。特别是由于产业工人的增加和机器使用的增多，事故风险急剧上升。然而，工作中发生事故的风险实际上由雇员独自承担。1871 年颁发

福利国家的开端

的《帝国责任法》并没有改变这一情形。根据该部法案，矿山、工厂、采石场和矿井的工人只有在能够证明雇主或其代理人对事故负有责任的情形下才有权获得赔偿。然而，提供这样的佐证很困难，因为另一个工人的过错并不能说明企业家对此担负责任。而事故的目击者也不愿作证，因为他们担心如果自己有过错，可能会造成民事或刑事后果，或是担心遭到雇主的解雇。此外，如果公司破产的话——在发生重大事故时很容易出现这样的结果，唯有当企业家向私营机构投保责任险方可实现索赔。

"社会问题"

19世纪下半叶以来，"工人阶级"的窘迫状况、他们的疾苦、他们的工作和生活条件以及他们的"道德状况"都被统称为"社会问题"。尽管许多来自"知识阶层"的同时代人将"社会问题"理解为当前的主要问题，但在很长时间里，政府很少采取具体举措遏制对人类劳动力的肆意剥削。

长期以来，限制工厂使用童工劳力是国家对劳动合同的自由设定实施调节性干预的唯一领域。这与废除前自由主义时代的社会保障措施形成鲜明对比。在此应当联想到诸如1860年颁布的关于普鲁士矿业的《行动自由法》，该法引入了自由劳动合同。据此，依照矿工的基本需求，用合同双方的自由协定替代了国家对工资和工作条件作出的规定，并在最初阶段事实上导致了矿工群体社会状况的恶化。

私营保险机构在支付方面十分吝啬，以将保费维系在较低的水平。相反，他们往往宁可打官司，因为涉及相关的费用，所以事故的受害者自然害怕打官司。因此，《帝国责任法》甚至加剧了劳资双方的矛盾。总体而言，根据那个年代的估测，在该法覆盖的工商业领域中，上报的事故只有不及 20% 得到了赔偿。由于在程序完成前通常不会付款，事故的受害者或其遗属在那个时刻已经陷入了最为悲惨的境地。

通常工人阶级没有任何针对此类生命风险的保护措施。尽管有组织的工人阶级的社会政治要求主要是针对雇主的，但工会组织的潜在威胁对国家施加的改革压力持续增强。至 19 世纪 70 年代末，情形转向严峻。因为社会主义人士也开始伴随着危机发展壮大，成为一个有可能从根基上威胁到资产阶级社会生存的、必须严肃以待的政治因素。 **国家的动机**

因此，开启德国现代社会立法的并非《社会法》，而是一部《反社会党人法》。然而，支持禁止社会主义工会和政党的保守主义分子完全清楚，单纯依靠压制并不可能永久解决问题。因此，不足为奇的是，恰恰是保守的保护性关税论者于 70 年代末支持采取社会政策举措作为"国家经济政策"的补充。

《反社会党人法》

对德皇的两次刺杀以及保守党人煽动的反社会主义和反自由主义情绪导致保守党在 1878 年夏天的德国议会选举中获得压倒性胜利。同年 10 月，《反对社会民主党进行普遍危害活动法》获得通过。该法规定禁止德国社会主义工人党、社会主义工会以及所有其他"社会主义旨在推翻现存政府的努力"。尽管工人运动的组织结构因此受到严重影响，但仍然留有足够的漏洞可以继续开展工作。总体而言，该法并未取得预期的成效，并于 1890 年被废除。由此表明，工人运动在禁令的限制下仍然得到了显著的加强。

社会政策的边界

因此，俾斯麦时代的社会政策不应被误解为是劳工保护和工业职业领域人道主义意义上的社会改革，甚至不应被误解为一场社会政治变革。至 1890 年，原本旨在主要实现取消周日工作、减少每日工作时间、保障法定最低工资以及更好保护在工厂工作的妇女和儿童等目标的举措都遭到严格拒绝。（国内的）政治考量本身即优先考虑改善工人的社会保障。因此，历史学家汉斯·罗森伯格谈到了潜在的与国家敌对的社会团体的"集体大规模行贿运动"。

俾斯麦关心的只是受到社会民主和工会思想影响最大的产业工人，而非农场工人、雇工、仆役或家庭手工业者。这些群体直至很久以后才被纳入社会保险。与工业技术工人相比，上述群体的困苦通常要大得多，且他们的社会地位要低得多，但这些都是微不足道的。决定性的因素是他们通常不会组织工会，因而对具有国内（而不是社会）政治动机的保守党圈层不具有吸引力。

社会保险

俾斯麦的社会保险法包括疾病保险（1883 年）、事故保险（1884 年）以及老年和伤残保险（1889 年）。用于保险款项的资金来源不一。养老保险的险金除了帝国的固定补贴，一半由被保险人缴纳，一半由其雇主缴纳。疾病保险的险金完全来自保费，其中三分之一由雇主支付，三分之二由被保险人支付。事故保险的险金完全来自企业家每年度的缴款，后者因此而被免除了事故责任。它们的功效也不尽相同。虽然相对于当时的生活条件来说，养老保险和健康保险的功效是微乎其微的，但事故保险的功效却要丰厚得多。因此，后者代表了社会保障方面最显著的改善。

三、新兴工业的主导部门复合体

自 19 世纪 90 年代以来，所谓的新兴工业，特别是电气和化学工业，凭借其广泛的应用领域等优势，已经构成了几乎与半个世纪前的重工业同等重要的主导部门复合体。新兴工业的主要特点是通过针对性地应用科学研究有计划地促进其发展。新兴工业部门的德国企业在全球市场上取得的巨大成功特别要归功于熟练工人、工程师和化学家拥有的良好的技术和科技培训背景。

同时代的美国舆论对德国新兴工业成就的评价

E.D. 霍华德（E.D. Howard）著，《德国近期工业进步的原因和限度》，波士顿，1907 年。

德国在电气工程产业取得了最大的进步。这无疑是其出类拔萃的技术类高校的一个直接成果。（……）在化学工业方面，德国是全球领先的国家。该产业为新近的进步给出了最好的阐释。（……）它是德国技术教育的直接产物。（……）技术类高校和大学可以被视为这个国家巨大工业体量的基石。（……）德意志民族现阶段的欣欣向荣的一个非常重要的原因是科学与实践之间存在着密切的联系。工业界和实验室的工程师们都来自技术类高校。因此，他们有能力将最新的科学成果转化为实践。

---

19 世纪初，电力是一个稀罕而有趣的科学事物。它最先在通信领域获得了经济上的重要性。由于信息的快速传输对于国家，特别是对于军队来说十分重要，因此用电脉冲代替光学电报进行信息传输的科技试验得到了国家的大

通信技术

力支持。与此同时，新生的铁路公司也在寻求强大而快捷的信息传输系统，以便在通常为单轨的铁路线路上安全地调度火车。40 年代，电报线的组件最初必须从英国进口，但新兴的德国电气工程工业相对较快地实现了用自己的高质量产品替代进口。

19 世纪最后 25 年，一种更为先进的通信技术开始在欧洲大陆风行。格雷厄姆·贝尔（Graham Bell，1847—1922）于 1885 年创立第一家电话公司——美国电话电报公司（AT&T）后，这种在美国开发的电话也于较短时间内在德国得到了应用推广。除公司内部通信外，电话在德国的传播并不是通过成立私人电话公司，而是通过帝国邮政。最初并没有私人的连接线。由于担心与信件邮递相竞争，所以帝国邮政不希望建立个人的电话连线。第一批本地通信网络直至 80 年代才得到安装。然而，直至第一次世界大战爆发前夕，通信连接几乎完全用于商业流通。即使对于家境殷实的公民而言，出于个人用途使用电话仍然显得过于昂贵。1915 年，德国每 100 名居民中即拥有两部电话，而美国则接近 10 部。

电气照明　　强电技术的发展与弱电技术的最初应用领域并行。在此方面，电气照明最初应成为最重要的应用领域。在此过程中，它面临来自煤气照明的竞争，虽然后者功能强大，但也有一些明显的不足。明火产生煤烟并消耗氧气。因此，如果在较小的空间使用，煤气灯或煤油灯可能会引发头痛。19/20 世纪之交前后，在交通技术领域开发了更多的应用领域，并推动了工业、手工业乃至个人家政的发展。

电气化作为"系统"　　单纯灯泡的发明没有多少价值。为了使其得到经济上的利用，为了将发明转化为创新，必须开发一个完整的系统，而灯泡仅仅构成了该系统的终端。开发和掌握这样一个复杂的系统并使其在经济上得以利用，不仅给企业家带来了技术难题，还带来了巨大的商业和管理难题。

灯泡

尽管早在19世纪50年代即已诞生首批电气照明系统（弧光灯），但那个时候它们还无法与煤气灯和煤油灯竞争。弧光灯的输出功率为500—3000瓦，发出的光十分耀眼，伴随着很大的嘶嘶声，并且还会冒着浓烟。70年代末碳丝灯的发明是第一个突破。它的光芒既明亮又柔和。由于碳丝的熔化温度在2100度以上，一根碳化的棉丝纤维细线可以为电流提供很高的电阻并发出光芒，而不会直接烧掉。自1906年起，钨被用作灯丝材料，至今仍在使用。1882年，其发明者托马斯·爱迪生在纽约开办了第一座公共发电站。然而，爱迪生的发电系统使用的是直流电，而直流电无法长距离传输。随着距离的增加，电阻也随之增加。

爱迪生的竞争对手乔治·威斯汀豪斯[1]认识到这一弱点，于是完全押注在交流电技术上。欧洲的情形也类似，爱迪生专利的许可证持有人同样长期完全依赖直流电技术，直至交流电的胜出以及匈牙利的甘茨和德国的赫利奥斯的新企业成长为竞争对手。当19世纪90年代成功研发出适用的电动机时，交流电技术取得了决定性优势。大约在同一时间，德国

---

[1] 乔治·威斯汀豪斯（Jr. George Westinghouse，1846—1914），美国实业家、发明家、工程师，电力工业的先驱，19岁即取得了第一个专利，后创办了西屋电气创始人，1911年获美国电气工程学会的爱迪生奖章，以彰显他在发展交流电系统相关的卓著贡献与成就。——译者注

人奥斯卡·冯·米勒[1]成功将高压交流电从内卡河水力发电站输送到逾 175 千米以外的法兰克福。这为在更广阔的供给区域内集中生产和分配电力铺平了道路。由此可以大幅降低电价。

美国人托马斯·爱迪生是发明型企业家的典范。他开发了一种针对系统的各个组件量身定制的科学程序。技术问题的解决远远超出了单个工程师的技术能力。此外，新的"科学"发明型企业家需要额外的技能以实施其计划。除研发外，他还必须处理融资、管理和组织问题。为此，爱迪生成立了多家公司，承担着非常具体的任务：一家研究公司，一家制造系统不同组件的工厂，以及一家组织系统实施和监管的公司。爱迪生为每项任务都聘请了各自的专家：数学家、物理学家、工程师、技术方面的熟练工人以及商业方面的专家。他自身的优势在于他能够识别技术、财务或组织方面的问题并制定相应的解决策略。根据技术史学家托马斯·休斯的说法，至关重要的是托马斯·爱迪生将所有问题都理解为"经济的技术"。例如，对他来说，铜作为电力传输的一种合适的材料，仅仅这样是不够的。电力传输还必须便宜到电力也可以与煤气开展竞争。如果情形并非如此，他就必须将研究能力集中在获取替代材料或降低材料损耗上。

技术转让　　当爱迪生于 1882 年在纽约的一家银行点亮了第一个灯泡后，他在国际上的成功即势不可挡。在德国，埃米

---

[1] 奥斯卡·冯·米勒（Oskar von Miller，1855—1934），德国工程师，早年在慕尼黑学习铁路、运河和桥梁建筑，后在交通系统任职，德意志博物馆创始人和第一任总馆长。——译者注

尔·拉特瑙 [1] 于 1883 年创立了德国爱迪生应用电力公司，
该公司很快成为爱迪生最重要的海外许可证持有人。拉特
瑙的成功之路被许多同时代人视为德国在新技术领域先驱
角色的原型。如同其美国的榜样，但与英国有着同样兴趣
的人不同的是，拉特瑙能够相对较快地获得银行的支持。

　　与美国人爱迪生和西屋电气公司——它们之间的竞争
演变成一场名副其实的"电力战争"——不同的是，拉特
瑙很早即向最重要的潜在竞争对手西门子和哈尔斯克公司
（该公司在 19 世纪 60 年代即通过制造发电机而闻名）寻
求帮助，并亲自提出相关安排建议。一方面，西门子承诺
不与拉特瑙的电气化努力开展竞争，另一方面，拉特瑙承
诺从西门子购买除灯泡外的所有设备。

　　德国爱迪生公司于 1885 年在柏林投入运营首个（电
力）网络获得巨大成功，以至于 1887 年即从美国爱迪生公
司中独立出来，并转变为通用电气公司（AEG），在此之
后继续推进柏林的电气化。与此同时，西门子摆脱了许可
证生产的束缚，开始开发自己的功率更强大的发电机。其
后果是，最初协议的基础不复存在，两家公司为此于 1887
年达成共识，AEG 可以建造大型发电厂，而西门子将继续
为其提供组件。然而，这一约定也未能持续多久。因为当
市政当局开始建立自己的发电厂时，AEG 必须寻找新的市
场，并从那时起越来越多地转向交流电技术。

　　乍一看，供电的发展与老的供给领域的发展十分相
似。在私营经济的初始阶段之后，许多城市致力于也将电

**供电的市
政化**

---

[1] 埃米尔·拉特瑙（Emil Rathenau，1838—1915），德国企业家、
实业家，早期欧洲电气行业领军人物，1887 年在柏林创办德国电气公司
（AEG）。——译者注

力供给攫取在自己的手中。然而，他们在最初阶段缩手缩脚的原因与煤气和饮用水的供给不同。当电气化到来时，市政当局在技术上和行政上均有能力承担这一任务。然而，许多市政仍然犹豫不决，因为电能最初仅用于照明目的，而市政当局毫无兴致为与以市政为主的煤气公司开展竞争提供助力。

利用率问题 19世纪90年代发电厂运营商面临的一个主要经济问题是发电厂产能利用率的剧烈波动。由于当时产生的电能90%以上仍用于照明目的，所以电力的使用主要在晚间时光。白天，一些早期的发电厂甚至不得不关闭发电机。因此显然需要为这段时间开发更多的应用领域，并以更优惠的价格赢得新的客户。

尤其是大城市相对较快地认识到不同运营方之间连接系统的定价政策和财务的可能性。在此方面，公共载人短途交通的电气化被证明是一个重要的推动力。因为由市政公司为自己的**有轨电车**供应电力，确保了足够的公司规模，同时也确保了设施的基本利用率，以使巨额投资能够得到回报。自19世纪90年代以来，许多城市从马拉有轨车到"电动"的转变与从私营公司到市政公司的转型直接相关。

有轨电车

为满足快速发展的大都市纽约日益增长的市内交通需求，马拉有轨车1832年首次投入运营。与传统的（马拉）公共汽车相比，在相同的牵引力下，可以更快地运送更多人员。马拉有轨车于19世纪60年代首次出现在规模小得多的德国城市（柏林，1865年），但在70年代迅速普及。自80年代以来，为了克服更大的坡度而首次运营蒸汽有轨车。

世界上首条有轨电车自1881年起在柏林－利希特费尔

德之间运营。然而，西门子建造的车辆仍然易出现故障，因此当时只建造了几辆新的有轨电车。之后不久，美国发明触轮集电器，由此打开了局面。在此基础上，90 年代德国也经历了由马拉有轨车到电力驱动的快速转变。同时，这也为当地公共交通的市政化奠定了基础。虽然马拉有轨车仍然主要由私人所有者运营，但市政自 90 年代以来接管了车辆后将（马拉和电）车整合到一起，以便能够更经济地实现电气化。

随着可用三相电机的成功研发，归因于低廉的电费，工业以及稍后的手工业于 90 年代也开始对将电力作为能源产生了兴趣。与蒸汽机相比，电动机具有诸多优点，它运行时几乎不会发出任何声响，也不会因废气而困扰商业用户。它可以快速投入运行，并可以进行分布式安装，因而不再需要将能量从蒸汽机传送到工作机器的传动装置，进而降低了事故风险。 **电动机**

此外，政府部门对这种新的动力载体在城市发展和工商业招引方面的发展潜力的认识也有所提高。最后——就像此前煤气的情形一样——不容忽视的是市议会的利益状况。依据等级选举权，对市政政策起到决定性作用的手工业者和工商业经营者指望市政管理公司能够更快速地开发城市区域，同时比私人供应商提供更优惠的费率。

等级选举权

等级选举权的基本思想是针对财阀的保守主义。它在形式上维持了选民的平等，但实质上选举权与税收贡献紧密挂钩，从而确立了少数高额纳税人的特权，同时也是对广大小额纳税人的粗暴歧视。

在普鲁士的三级选举权中，第一级、第二级和第三级分别通过选举人间接选举出相同数量的议员。该原则早在三月革命前即为莱茵地区选举适用的选举法——于1849年初暂时作为普鲁士统一的地区选举法予以实施。据测算，第一级大约5%的选民、第二级大约超过25%的选民、第三级近70%的选民会参加选举。对小额纳税人的另一项歧视是选举程序的公开性和口头性。如此一来，城市的士绅名流、乡村的大地主等即可以随时检查以任意一种方式依附于他们的选民的投票决定。此外，第三级主要归属工人阶级的原始选民实际上几乎没有机会晋升至第二级，因而总是能够确保反对底层阶级利益的多数选票。

大多数其他德意志邦国的情形也好不到哪里去。在萨克森同样施行分级的多级选举制度；在巴登和巴伐利亚，由于限制性的公民权利，市政选民缩减为城市人口中富有的少数。在慕尼黑，拥有地区选举权的人员几乎占总人口的5%—6%，相当于帝国的平均水平。在巴登较大的城镇，这一比例略高，约为10%。

鉴于上述优越性，电能应用领域的发展十分快速，以至于德国用于电机的电力早在1906年即多过用于照明设施。相应的，公共供电能力也快速增长（参见表4-2）。然而，私人家庭的需求最初只发挥了很小的作用。即使在1914年的柏林，也只有5.5%的家庭接入电网。直至第一次世界大战，大多数居民仍然买不起电力作为照明能源。公寓里仍然以煤气灯或煤油灯为主。

表 4-2　德国公共电力经济的发展（1890—1913）

年	功率（1000 千瓦）	人口①（百万）	设备投资（百万马克）
1890	17	2.9	1.6
1895	60	7.7	21.2
1900	272	15.0	147.4
1905	592	24.2	668.6
1913	2306	49.3	1839.7

① 供给地区的人口。
资料来源：H. 奥特（H. Ott）主编，《德国历史统计》第一卷：《公共电力供给》，圣－卡特林娜，1986 年，第 1 页。

与电力分配相反，电力的生产主要以私营经济为主。**发电厂**特别是鲁尔区的重工业很早即介入其中，它们于 19/20 世纪之交认识到通过集团优势实现电力生产的前瞻性多元化战略。对该多元化步骤起到决定性作用的并不是发电厂自身的盈利前景，而是发电厂燃料需求带来的盈利机会。最初，高炉余热还是一种廉价的能源。但不久后需求即超过了此前未曾利用的余热供给，因而在鲁尔区及其周边地区相继迅速建造了大型燃煤发电厂，为快速发展的城市提供电力。尽管产生的电能不再是重工业的副产品，但发电行业依然未能摆脱重工业的垄断，而由莱茵－威斯特伐利亚电力公司（RWE）和其他重工业主导的企业获得的专有技术仍然是相对于其他进入市场的独立企业的一个关键竞争优势。

直至第一次世界大战前，国家政府部门基本上不参与电力的生产。19/20 世纪之交建立的 25 个中心发电厂中，有 24 个是由私人资本创办的，而各个省和县区也很快参与到其中。从那时起，混合经济形式即在该领域占据主导地位。

早在德国第一座发电厂建成之前，弗里德里希·恩格斯即已于 1883 年勾勒了一幅通过电气化消灭城乡差别的愿景。

弗里德里希·恩格斯关于电气化的论述

恩格斯致爱德华·伯恩斯坦的信（1883 年 2 月 27 日），载：《马克思恩格斯作品集》，第 35 卷，第 444 页。

事实上，它具有巨大的革命性。（……）将热、机械运动、电、磁、光相互转换，然后再转换回来，并在工业方面加以利用。（……）迪普里耶的最新发现是，可以用很强的高压讲电流以相对较小的能量损耗传输至迄今为止未知的距离（……），这注定会使工业摆脱一切地域的束缚。（……）即使这一发明在最初阶段有利于城市，最终必然成为消除城乡差异的最为强大的杠杆。

"帝国电力垄断"　　与供给经济的其他领域相比，由于电力经济的超地方特质，监管政策问题很快即凸显出来，从而引发了国家的干预。在此方面，早在近 50 年前即围绕铁路发展呈现的监管政策分歧的鲜明特征又要再度上演。

为了防止莱茵－威斯特伐利亚电力公司在莱茵－威斯特伐利亚取得垄断地位，普鲁士政府早于 1906 年通过希伯尼亚矿井参与了威斯特伐利亚发电厂的建设。莱茵集团向威斯特伐利亚的扩张最初受到了约束。随后于 1912 年开始实施帝国电力垄断计划。然而，尽管对跨区域网络规划的必要性没有丝毫争议，但该计划最终惨遭失败。因为各个邦国不愿意将权力割让给帝国，而重工业也不愿意将自己的"养子"上缴国家。相反，这个"养子"被认为是其自身的垂直化集约进程的一个完整的组成部分，即从煤炭经过炼铁厂再到轧钢厂的生产线，而作为其支线的电力供给则掌握在（私人经济）的手中。

在电子技术产业的推动下，机械制造也得到了进一步的发展。机械制造企业不仅是电子技术产品的先驱之一，而且还开发了许多新的产品线，而与重工业阶段的机械制造相比，这些产品线不再完全用于资本货物工业的生产。第一次世界大战之前，大众购买力的提升和大规模生产带来的成本降低越来越多地使得私人家庭也能够从机械制造行业购置诸如缝纫机、打字机和自行车等消费品。

机械制造的另一个"孩子"是汽车工业。但直至第一次世界大战之前，甚至无法预料到车辆制造对德国经济后来的重要性。尽管许多对该行业发展至关重要的发明都是在德国创造的，但德国市场太小，无法大批量生产。因此，在很长一段时间里，汽车仍然是一种奢侈品，即使对于广大中产阶级来说也是无法承受的。20 世纪初，卡车技术尚未成熟，只能在通往火车站的接驳交通中与马车竞争。第一次世界大战期间，虽然卡车制造经历了快速发展，但即使在 20 世纪 20 年代，卡车在长途运输方面还无法与铁路竞争。

汽车工业

与机械制造类似，现代化学工业的兴起最初首要是作为工业化的代表性部门——主要为纺织和造纸工业及其对洗涤剂、上浆剂、颜料和漂白剂的需求——崛起的后续发展。与此相关的具有特别重要意义的是**苏打**的工业化生产，它既用作漂白剂和洗涤剂的基础材料，但也用于肥皂和玻璃产业。尤其是纺织工业快速增长的需求带动德国苏打产

化学工业

量自 1820 年左右开始急剧增加，因此它标志着无机化学工业的开端。

苏打

苏打或碳酸钠是一种无色的、结晶质的碳酸钠盐。法国人尼古拉斯·勒布朗[1] 早在 18 世纪末即为苏打的工业化生产奠定了基础。其基本原理也是用煤炭代替生产钾肥中使用的木炭。这使得苏打在纺织工业中得以大量使用，从而将织物的漂白时间从几个月缩短至几个小时。

1865 年，比利时人欧内斯特·索尔维[2] 对苏打的工业化生产进行了决定性的改良。虽然以他的名字命名的合成氨工艺需要更多的盐，但能源的消耗要少得多。因此，索尔维工厂通常建在盐矿附近。

煤化工　　城市化为化工产业创造了第二次早期发展的动力。人们的亲密共处对私人和公共卫生提出了全新的要求。由此产生了私人家庭对肥皂和洗涤剂的巨大需求。同样，很早即开始对煤炭进行提炼以产出煤气。威廉·默多克[3] 是煤

---

[1] 尼古拉斯·勒布朗（Nicolaus Leblanc，1742—1806），法国化学家，早年学医并开办诊所，后为弥补收入不足而参加法兰西学院有奖征集制碱法，并于 1791 年实现了通过两步从食盐合成纯碱的方法。——译者注

[2] 欧内斯特·索尔维（Ernest Solvay，1838—1922），比利时化学家、企业家、政治家和慈善家，早年在玻璃厂学徒，1863 年与他的弟弟阿尔贝·索尔维一起创办了索尔维公司，1865 年发明了以其命名的索尔维制碱法，至今为止依然是制苏打的最重要的化学工艺。——译者注

[3] 威廉·默多克（William Murdoch，1754—1839），苏格兰化学家、发明家和机械工程师，长期为瓦特的工厂效力，一生发明颇多，包括煤气、瓦斯灯、鱼胶、蒸汽引擎机车头、汽动力焊枪、钢水泥、合成染料、综合塑料制品等。——译者注

气照明的先驱之一，他不仅照亮了著名的蒸汽机先行者、最早一批工业化工厂之一——博尔顿和瓦特公司的车间，而且还说服詹姆斯·瓦特启动生产煤气照明设备。然而，公共场所的煤气照明很晚才开始投入使用：在英国始于1814年，而在德国，汉诺威的第一家煤气厂由一家英国公司于1824年创办。

煤化学还为化学工业的应用领域奠定了基础：合成染料和药品，而德国企业于19/20世纪之交在世界市场上占据主导地位也归因于此。焦炉和炼焦煤高炉产生大量副产品焦油，但长期以来一直未能真正得到利用。当焦油的化学成分于19世纪三四十年代得到了原理性研究后，距离将染料苯胺从苯酚中分离出来的实现路径就不远了。

苯胺

苯胺是一种芳香族化合物，于1826年首次通过石灰蒸馏的方式从靛蓝中提取出来。不久，通过氧化的方式从中提取了苯胺黑。1856年，英国人亨利·帕金[①]在对受到污染的苯胺进行氧化时发现了深紫色的染料。不久，帕金创办了第一家合成染料工厂。帕金的发明在商业方面取得的成功激发了对其他焦油染料的深入研究。19世纪60年代末用于生产红色染料的茜素合成和90年代末用于生产蓝色染料的靛蓝合成可能具有最重要的意义。这两种染料都是在德国（或瑞士）最早研发出来的。

[①] 亨利·帕金（Henry Perkin，1838—1907），英国化学家、发明家，15岁即入读皇家化学学院，并在化学领域展现了卓越的才能，除发明苯胺紫外，还发明了人工香水——香豆素的合成方法和茜素的商业制法等。——译者注

合成染料

大约在 19 世纪 60 年代末，合成染料的工业生产同时在英国、法国和德国开启。自 70 年代以后，合成染料的价格能够比天然染料更具竞争力，促使该行业迅速扩张。一方面，英国和法国的企业很快在技术上落在了后面，另一方面，德国的染料工业却经历了爆发式增长。至 80 年代初，巴登苯胺苏打厂（巴斯夫）、霍伊斯特染料厂、拜耳染料厂、柏林苯胺染料股份公司（爱克发）和其他德国化学品生产商占据了 50% 的世界市场，1900 年将这一占比进一步提升至 90%。

大学的工业研究

德国在科学研究与工业研究之间的典型关联性也可以借助染料生产的示例予以展示。因为大学和商业机构的研究实验室最先参与了合成染料的研发，随后与企业签订合同，以便能够将新产品推向市场。所有德国大型染料制造商均受益于此种关联性，其中获益最大的可能是巴斯夫。即使染料工厂在 1877 年颁布了德国首部专利法后对自己的研发进一步加大了投入，但它们仍然继续受益于全球领先的德国综合性大学和技术类高校。因为这些大学高校为研究部门提供了高素质的员工。反过来，企业通过其与大学科研的紧密联系，将自己紧紧地同科学进步捆绑到一起。

大学研究与工业研究联手合作的一个经典案例是哈伯－博施氨合成法生产工艺的研发，这项工艺在第一次世界大战前不久以及战争期间彻底改变了**氮肥**和炸药的生产。卡尔斯鲁厄的化学教授弗里茨·哈伯[1] 在巴斯夫的资金支

---

[1] 弗里茨·哈伯（Fritz Haber，1868—1934），犹太裔德国化学家，凭借发明从氮气和氢气合成氨的工业哈伯法获 1918 年度诺贝尔化学奖，此外，因在第一次世界大战期间开发氯气和其他化学武器而被称作"化学武器之父"。——译者注

持下，于1909年在实验室成功合成氨，卡尔·博施[①]在接下来的数年里，在巴斯夫将这一实验室解决方案进一步研发到工业应用的成熟阶段。

人工肥料

1880 至 1914 年间，农业肥料用量增长了 10—20 倍。这关乎的主要是将养分输入到土壤中，特别是氮、磷和钾，因为农业企业自己无法获取这些养分，而必须以工业的方式生产出来。人工施肥有可能显著提升每公顷的产量，并将以往不值得耕作的土壤用于农业生产。

最初，一种有机氮肥，即从秘鲁进口的海鸟粪——发挥了主导作用。在 19 世纪的最后 25 年，含有钾盐的钾肥的重要性快速凸显，它们最先在德国的中部地区开采，后来也在阿尔萨斯－洛林和汉诺威一带开采。磷肥最初是作为骨粉提取的，后来也作为精细碾磨的托马斯炉渣——钢铁工业的一种副产品——予以提取。第一次世界大战前，化学工业中的两种工艺彻底改变了氮肥，进而使得德国氮肥的供给不再依赖进口：用电石和液氮生产氰氨化钙的弗兰克－卡罗工艺，以及氢气和氮气生产氨的哈伯－博施工艺。

德国化学工业在全球市场上取得成功的第二个重要因素是，从基础材料到染料生产的垂直一体化以及向其他产品组别的进一步转化。人造染料背后隐藏的科学原理为进一步应用奠定了基础。19 世纪末前后，制药工业成为染料工业最重要的亲属。一些合成染料的治疗作用早已为人所知，当苯酚的消毒作用被发现后，人们于 60 年代即已

制药

[①] 卡尔·博施（Carl Bosch，1874—1940），德国工业化学家，在哈伯基础上首创高压合成氨催化方法，利用氧化铁型催化剂使合成氨生产工业化，并凭此成就获 1931 年度诺贝尔化学奖。——译者注

经开始生产防腐剂。然而，当 80 年代苯胺染料遭遇滞销，诸如霍伊斯特和拜耳等一些染料制造商系统性地转向药物研究时，制药方才发展成为大型染料工厂的独立产品线。如此多样化的产品生态圈不仅更容易平衡经济周期的波动，而且一个生产部门的废料同时成为另一个生产部门的原材料的情形也并非罕见。

法本集团　　　　与电气工业——第一次世界大战前该行业几乎完全被两家大型康采恩垄断（AEG 和西门子）——类似的是，化学工业也高度集中。对此具有决定性影响的是巴斯夫、拜耳和爱克发于 1904 年共同成立的利益集团。1916 年，领军的电子化学企业格里斯海姆电子工厂也加入该利益集团。只有后来加入染料工业利益集团（法本集团）的霍伊斯特染料厂一直处于观望状态，直至德意志帝国的灭亡。

化学和电气这两个行业均满足上文列举的工业主导部门的标准。它们的增长高于平均水平，在经济总量中的比重稳步提升。根据理查德·蒂利的统计，1880 至 1913 年间，化学和电气工业的增速远远超过了"老工业"——煤炭开采和纺织工业。对上游部门（例如电气工业中的金属工业和机械制造以及化学工业中的褐煤开采）的需求影响以及对下游部门的中间投入（电力作为小型工商业用途的驱动能源，或者人造肥料生产作为农业现代化的推动力）与工业腾飞期间重工业主导部门复合体的情形相当。

四、工业化的区域性扩展

较低的区位依赖性　　　　与重工业主导部门复合体的工业相比，新工业的场地限制要少得多，前者除机械制造外，一概建立在煤矿附近。

只有毗邻大河的地理位置方才成为化学工业发展的重要区位因素。这条河流扮演了运输通道、生产过程的蓄水池和污水渠的角色。由于这些优势，最初坐落在埃尔伯菲尔德的拜耳染料工厂于 1891 年迁至莱茵河畔的勒沃库森。

尽管区位要求不高，但随着化工、电力工业的发展，出现了一些新的工业区域，而一些较早的工业孤岛也发展成为工业区域。然而，新兴工业塑造的地区并不像鲁尔区那样具有区域性的特质。此类新的工业区域中最重要的两个是前文述及的北部的马格德堡和南部的哈勒和莱比锡之间的德国中部工业区，以及东北部奥芬巴赫畔的法兰克福和西南部的曼海姆／路德维希港之间的莱茵－美因工业区。在德国的中部，南方的褐煤矿藏是化工厂落户的重要先决条件，而这些化工厂是与德国历史最悠久、规模最大的私营燃气供应公司——德意志大陆燃气公司（德绍）[1]一同建立的。

化学工业也塑造了莱茵－美因地区。该行业最成功的3 家企业均已落户于此：霍伊斯特染料厂、格里斯海姆电子化学工厂和巴斯夫。在曼海姆，农业机械制造商海因里希·兰茨[2]和发动机、车辆制造商奔驰莱茵燃气发动机厂[3]

德国中部地区

莱茵－美因工业区

---

① 1855 年由德国企业家汉斯·维克多·冯·翁鲁和德绍银行家路易斯·努兰特等共同创办于德绍，早期主要为城市提供用于街道照明的城镇煤气，后将业务拓展至电力、机械制造、有轨电车制造等领域，成为 20 世纪上半叶德国最大的工业企业之一。——译者注

② 海因里希·兰茨（Heinrich Lanz，1838—1905），德国企业家、工程师，1859 年创办以其名字命名的工业企业，专门制造农业机械、固定式蒸汽机和机车，包括生产世界第一台蒸汽动力固定式脱粒机和第一台原油燃料拖拉机，1956 年与美国迪尔公司合并。——译者注

③ 由德国机械工程师和企业家卡尔·弗里德里希·本茨于 1883 年在曼海姆创立，1886 年获得新型三轮专利，从而成为德国第一家汽车制造商。——译者注

共同打造了面向未来的机械制造工业，布朗勃法瑞公司作为一家在电气工程领域全球领先的企业也落户这里。多年以来一直努力阻挠任何工业落地的法兰克福市也发展成为电气工程工业的重要基地。1891 年在法兰克福举办的国际电气工程展览会应当为此提供了重要的推动力。

柏林　　基于对其机械制造传统的延续，大柏林地区也发展成为新兴工业，尤其是电气工程工业的重要基地。由维尔纳·西门子 ① 于1847 年创立的西门子－哈尔斯克公司也发端于柏林，近半个世纪后成立的 AEG 亦是如此。路德维希·罗意威公司 ② 尤其以将机械工程和电气工程完美结合起来而著称。该公司成立于 1869 年，最初生产机床、缝纫机和枪支，20 世纪初与 AEG 合作并转向电气工程。在化学工业中，首先应该提及的是爱克发以及由药剂师恩斯特·先灵 ③ 创办的同名制药公司。

此外，柏林取代了 1866 年被普鲁士吞并的前自由帝国城市法兰克福，成为德国的金融中心。甚至在帝国成立之前，柏林证券交易所的重要性即已超过法兰克福证券交

① 维尔纳·西门子（Ernst Werner von Siemens，1816—1892），德国发明家、企业家、物理学家，西门子公司创始人之一，主要发明包括电磁式指针电报机（1843 年）、平炉炼钢法的基础"火焰炉"（1864 年）、发电机（1866 年）、电力机车的客运列车牵引应用（1879 年）、有轨电车（1879 年）、垂直升降电梯（1880 年）、无轨电车（1882 年）等。——译者注

② 由德国犹太裔商人、制造商、慈善家和德国国会议员路德维希·罗意威（Ludwig Loewe，1837—1886）创办。——译者注

③ 恩斯特·先灵（Ernst Christian Friedrich Schering，1824—1889），德国药剂师、实业家，1851 年在柏林创办先灵公司，早年生产水杨酸、抗痛风制剂阿托芬、各种安眠剂和消毒剂，20 世纪初迅速扩张为全球领先的制药企业。——译者注

易所。这意味着帝国成立后，几乎帝国所有重要银行均将总部迁往柏林（德累斯顿银行、达姆施塔特工商业银行、商业和贴现银行、中德意志信贷银行），前提是它们不像柏林商业银行、贴现银行和德意志银行那样已经在柏林成立。柏林金融中心对于资本密集型行业的许多企业来说具有突出的重要性，因而自进入 20 世纪以来不计其数的大型企业均将总部迁往柏林。此外，鉴于国家对经济的重要性日益增强，寻求接近决策者似乎也是明智的。除作为帝王官邸都城的传统功能外，柏林还因其良好的铁路和内陆水运交通网络以及作为帝都的地位而成为帝国最重要的工业城市之一。

对"乡村地带"的工业化占领以及由此开启的全方位的工业化开发，至少与通过集聚新兴工业中的企业以组建新的工业区域具有同等重要意义。然而，导致这一鲜为人知的发展态势的并非工业化三个阶段的主导部门，而是工业化史上被忽视的食品工业和嗜好品工业以及与之密切相关的农业现代化。

现代区位理论的先驱、梅克伦堡大地主约翰·海因里希·冯·杜能① 早在1826年即预见到了这一发展。虽然在此当中杜能并没有考虑到未来的食品和嗜好品工业，但他认识到围绕更大的集聚中心将会形成不同的生产区块，以为当地人口保障供给。 **杜能圈**

---

① 约翰·海因里希·冯·杜能（Johann Heinrich von Thünen，1783—1850），德国经济学家、农学家，早年学习农学，毕业后购置一个庄园并亲自经营管理，通过其亲身实践，在总结农业生产经营管理经验的同时，进一步深入思考了许多经济学问题，代表作《孤立国》，被认为开创了经济地理学和农业地理学的先河。——译者注

> **约翰·海因里希·冯·杜能论述不同农业生产区块的产生**
>
> 约翰·海因里希·冯·杜能著:《孤立国同农业和国民经济的关系》,达姆施塔特,1966 年(1842 年第 1 版),第 1 页 f。
>
> 想象一下,在一片肥沃的平原的中央坐落着一座超大规模的城市。(……)现在的问题是:田间耕作的情形将会怎样?如果最彻底地经营农作,距离城市的远近将对农作产生何种影响?
>
> 一般来说,显而易见的是,城市近郊必须种植此类产品,其价值与重量相比,很不协调(……),运输到城市的成本是如此高昂,以至于无法再将其从偏远的地区运送;再则是那些容易变质且必须新鲜消费的产品。然而,距离城市越远的地方越是更多地生产相对于其价值而言运输成本较低的产品。
>
> 单纯出于上述原因,城市四周即会形成界限相当明分明的同心圈,每个同心圈内有各自的主要产品。如果改种另一种作物,并将其视为主要目的,即会改变整个经济形态,我们将会在不同的圈界内观察到截然不同的经济制度。

农村地区的补偿性工业化

19 世纪下半叶,区域和部门极不平衡的工业现代化和发展进程基本上没有将游离在工业主导部门以外的区域涵盖在内。只有当资源配备允许固定劳动力成本下的生产力的提高,进而使得这些部门能够在日益强化的区域间劳动分工中发挥自己的作用时,"补偿性工业化"才会在农村地区成为可能。在工业化的"主导部门"中,通常不会出现这样的情形。相反,农村的现代化进程更多影响的是过去数十年以农村手工业和小型企业为主的工业(木材加工、建材工业)或与农业密切相关的新型工业(糖厂、酿酒厂、淀粉厂和食品厂)。

19 世纪末前后,诸如鲁尔区、柏林和汉堡等人口聚集地已无力满足周边居民的日常需求。帝国时期缓慢增长的大众购买力刺激了迄今为止显然被生产资料工业所遮蔽的消费品工业。在此方面，大型食品工业在一个工业集中区内的形成——比如多特蒙德的酿酒业，是个例外。

　　鉴于原材料主要由当地的农业提供，生产商因而也有必要在人口聚集地以外定居。此外，那里往往拥有足够数量的廉价劳动力。然而，必须考虑到约束性的因素，即与消费者所在地区的有效交通联系是该地区农业工业化的必要先决条件。

　　农村地区结构重组的一个早期例子是明登－拉文斯贝格 ① 的雪茄产业。19 世纪 40 年代，那里高度发达的家庭手工业形式的亚麻生产走向崩溃。由于此时集聚在比勒费尔德的纺织工业只能接纳少量从前的亚麻织布工和纺纱工，所以很大一部分农村人口离开了该地区。据此，比勒费尔德的工业化伴随着该地区的去工业化。

　　然而，上述地区在烟草加工方面具有 3 个决定性的优势。首先是拥有大量的廉价劳动力。这一点尤其重要，因为雪茄生产并非资本密集型的，而相对于工业化的主导部门，劳动力成本对选址的意义更重大。其次，原材料可以从不来梅经由威悉河便捷地运至该地区。再次，东威斯特伐利亚很早即通过科隆－明登铁路与西部的鲁尔区和莱茵兰以及东部的汉诺威、马格德堡和柏林相连。最后，相对较低的资本支出促成了企业的创办，而无须依赖高效的（该地区并不存在的）资本和信贷市场。

明登－拉文斯贝格

---

① 1719 年由明登公国和拉文斯贝格伯国组成，1807 年成为法国的附庸国威斯特伐利亚王国的一部分。——译者注

明登－拉文斯堡的雪茄产业并不是一个孤立的案例。19世纪末前后，对消费品的需求极大地刺激了小城镇的手工艺和农业，以至于越来越多的生产商转向工业生产。威斯特伐利亚乡村的酿酒厂、人造黄油厂、糖果厂和香肠厂都面向鲁尔区，而利珀的家具产业同样也是如此，它们供应了"盖尔森基兴巴洛克风格①家具"中的很大一部分。

石勒苏益格－荷尔斯泰因

19世纪末左右，工业化也渗透到农业生产。生产区域的不断扩大完全契合杜能的理论。归因于邻近汉堡以及便利的交通开发，在石勒苏益格－荷尔斯泰因的农业现代化尤为成功。该省的支线和小型铁路的装备状况高于平均水平，这与其明显高出平均水平的人均国民收入增长率完全吻合。1883—1907年，石勒苏益格行政区的增长率在所有普鲁士行政区中排名第四。从铁路运输统计中分析得到的区域间货物交换的结构（猪和牛在出口方面的巨大出超以及化肥在进口方面的巨大入超），连同劳动生产率（特别是在生猪养殖方面）的快速发展，以及相较于其他以农业为特色的地区的高资本密集度，勾勒出石勒苏益格－荷尔斯泰因农业的一幅非常"现代的"概貌。

在养牛业中，铁路发展与出口导向型农业现代化之间的关联性表现得尤为明显。虽然囿于英国的进口限制，经由海路向英国出口牛的贸易于1888年陷入停滞，但归因于来自汉堡的需求的迅速增长，石勒苏益格－荷尔斯泰因的沼泽地带发展成为德国最大的牧场饲料区。

汉诺威省的吕讷堡和施塔德以及奥尔登堡大公国同样

---

① 对旧的德式风格的家具的一种讽刺性表述，意味着老式、古板、无品位和超载。——译者注

几乎完全为农业区域，它们也经历了类似的积极发展，其人均收入（尽管起点非常低）在 1882—1907 年间的增长甚至快于石勒苏益格行政区。19 世纪 70 年代，奥尔登堡的农业还主要是自给自足型的。即便是这个地区的城市的需求也很低，因为大多数城市居民自行生产其对肉和蛋的需求，而面包谷物则可以从邻近周边获得。只有不来梅为来自其北部地区的黄油和牛奶提供了更大市场，其南部地区则因为几乎无法用于农业的干砾地地貌而成为帝国的"贫民窟"之一。

奥尔登堡

自 19 世纪 90 年代中期至第一次世界大战，尤其是奥尔登堡南部的农业经历了近乎独一无二的井喷式发展。此种结构变化一方面体现在 1892 至 1912 年间南奥尔登堡饲养的生猪数量几乎翻了五番，另一方面体现在生猪的出口量以及肥料和饲料的进口量，根据交通统计数据，均增长迅速。

即使上述影响在统计上无法测量，也可以认为至少在德国西北部和中部，纯粹工业地区和农村地区之间在富裕方面的落差可以借助食品工业和嗜好品工业的兴起以及伴随来自工业聚集区域需求的增长带来的农业现代化得到显著收窄。而德国东北部的情形有所不同，囿于距离市场较远，不适合向农业深加工转型，且粮食种植业被视作只能通过关税保护得到自我救赎。第一次世界大战之前，德国南部的大部分地区也落在了后面。德国南部的工业化是德国的西部和中部 20 世纪的发展的放大版，有的地区甚至是 20 世纪下半叶放大，其中旅游业在外围地区扮演着特殊角色。

远离市场的
区域

五、社会后果

直至第一次世界大战前，人口的增长几乎没有衰减。尽管平均生育率开始缓慢下降，但自 19 世纪 80 年代以来，卫生条件的改善和医疗保健的进步导致死亡率，特别是婴儿死亡率显著下降。这使得男性平均预期寿命从 35.6 岁（1871 年）增加至 44.8 岁（1910 年），女性平均预期寿命从 38.5 岁（1871 年）增加至 48.3 岁（1910 年）。同一时期，帝国人口从 4100 万左右增长至 5800 多万。

自东向西移民

自 19 世纪 50 年代以来，工业越来越有能力容纳更多涌入劳动力市场的人口。尽管如此，美国内战结束后，向外移民又开始增多。80 年代，移民美国达到绝对顶峰，至 1893 年又有 180 万人离开德国，其中大多数来自德国的东北部。90 年代，移民突然中止。1893 年，美国经济遭遇严重危机，与此同时，农民对联邦土地的领取也即将结束。移民的未来是在工厂里而不是在自己的土地上。然而，鲁尔区和德国其他工业区域提供了同等乃至更好的机会。

移民美国终结后，农村"过剩"地区的移民压力并没有减轻。相反，现在的向海外移民更多转变为德国内部自东向西的移民，它作为民族的一部分融入了欧洲自东向西移民的巨大半圆。从那时起，来自德国东北部的移民对柏林、萨克森乃至鲁尔区劳动力的增长作出了决定性的贡献。由此，德国东北部被阻断的贫困化最终转移为德国中西部工业大都市的社会问题。

至 1907 年，近 200 万人在国内移民的进程中离开了东部地区，其中近 40 万人移民到大柏林和鲁尔区。鲁尔区的大多数移民是讲马祖里语或波兰语的德国公民，即所谓的**"鲁尔波兰人"**。但同时还有越来越多的外国劳动力移民到德国，其中大部分来自哈布斯堡和沙俄帝国，但也有来自意大利的。1871 至 1910 年，德意志帝国的外国人数量增长了 6 倍，从 20 多万增加至 125 万左右。因此，在 19/20 世纪之交前，德国用了不到 10 年的时间从一个人口净迁出国变成了一个人口净流入国。

鲁尔波兰人

19 世纪 60 年代，第一批来到鲁尔区的波兰移民是在上西里西亚为博特罗普矿井①招募的。虽然此类移民仍保留着招募技术工人的传统，但自 80 年代以来的波兰语移民都是来自普鲁士的波森省②和西普鲁士省的农场工人，没有任何产业工人的经验。因此，他们通常被用于非熟练工人的岗位，主要在煤炭开采领域。

与普鲁士东部省份相似的是，鲁尔区当局对波兰人也奉行强硬的日耳曼化政策。1899 年颁布的《矿警条例》规定，矿场的职业升迁取决于来自"文字和书籍"的德语知识。《协会法》和学校政策成为抑制波兰语的使用和传播的工具。然而其结果是只会增强波兰的自我认同意志，从而使融入鲁尔区城市的社区变得更加困难。波兰协会、工会和政党纷纷涌现。因此，第一次世界大战后，在建立一个独立的波兰国家的进程中，鲁尔波兰人当中约有一半往回迁移。但他们并没有回到父辈的家乡，而是迁往波兰的上西里西亚，因为自德国劳动力迁出后很快即可在那里找到工作。

_____

① 1856 年建成第一座矿井，由此开启了博特罗普的硬煤开采时代。——译者注

② 今波兰第五大城市波兹南。——译者注

实际工资的变化

此种移民趋势业已表明，德意志帝国时期是一个充分就业的阶段，甚至有时候还出现了劳动力的短缺。因此，放诸全球，德国的工资增长也相对较快（见表4-3）。然而，实际购买力的增幅却屡次因为物价上涨的浪潮而大幅削弱。一方面，由于迅速增多的新劳动力涌入城市以及房地产市场基本上不受监管，租金一再大幅上涨。另一方面，自80年代以来，谷物关税和其他限制粮食进口的举措显著抬高了粮食的价格，以至于德国工人未能像其英国的阶级兄弟那般从世界市场价格的下跌中受益。

表4-3　德意志帝国的工资和生活费指数（1895年=100）

年份	名义工资	生活费	实际工资
1871	70	106	66
1875	98	113	87
1880	82	104	79
1885	87	99	88
1890	98	102	96
1895	100	100	100
1900	118	106	111
1905	128	112	114
1910	147	124	119
1913	163	130	125

资料来源：A. V. 德赛（A. V. Desai）著，《德国的实际工资（1871—1913）》，牛津，1968年，第36页。

尽管如此，在德意志帝国时期，就平均值而言，实际工资显著增长，同时每天的劳作时间显著减少。然而，这里必须区别对待。因为熟练工人、半熟练工人和非熟练工人之间显著的工资落差直至1914年几乎都未曾改变。例如，一个从事采矿业的非技术工人的时薪甚至不及经验丰富的伐木工人的一半。在其他大多数工业领域，差异并没有那么大，但总的来说，可以假定半熟练工人和非熟练工人之间的工资差距在增大，而熟练劳动力的资质越高，获得的酬劳也越多。

实际工资的上涨使大多数工人阶级家庭的社会状况得到改善，尤其是食物的质量显著提升。过去由谷物产品和马铃薯组成的异常单调的食谱越来越多地由动物脂肪、肉类和糖予以补充。尽管如此，直至进入20世纪之后，由于蛋白质和维生素的缺乏导致的营养不良仍然司空见惯。另外，即使在收入较高的工人圈层，服饰的支出也没有显著增加，有时在资产阶级圈层将服饰贬低为工人的"服装奢侈品"。住房条件也几乎没有改善，因为尤其在工业人口集聚区的居住空间仍然稀缺。

劳工家庭的消费水平

工业化最重要的成就是永久消除饥饿，这也对下层阶级的生存机会产生了持久影响。帝国成立之后的年代，无产阶级家庭状况不再因歉收和牲畜疫情而遭受灾难性的冲击，而此前这些冲击曾导致灾难性的饥荒。然而，尽管取得上述显著进步，即使是合格的技术工人也从未达到确保一定社会保障的富裕水平。一个工人家庭收入的80%左右用于食物、住宿和服装。因此，几乎没有多余的钱财用于医疗保健，或者甚至无法为失去劳动能力的亲属提供支持。如此，便将工人（也包括小资产阶级）的社会地位与资产阶级的社会地位区分开来。教育机会以及由此带来的社会升迁机会的分配也极度不平等。帝国的社会过去是，现在仍然是一个阶级社会，而其阶级壁垒被证明是难以逾越的。

此外，失业、疾病，尤其是衰老，给所有工人带来了生存方面的不安全感。因为较低的平均失业率可能会对劳

巨大的社会不安全感

动力市场的个别部分产生毁灭性的影响。这尤其适用于 50
岁以上较为年长的工人，他们往往已经体力透支，无法再
找到新的工作，而且囿于社会保障的匮乏，越来越濒临最
低生存条件的边缘，原因之一是养老保险金从 70 岁才开
始领取。少数达到这一年龄的工人如果没有亲属的进一步
支持，很难依靠这份养老金生存。这同样适用于工人的遗
孀。在此方面，虽然早期工业时代的老年贫困得益于社会
保障而有所改善，但它仍然是一个工人家庭最大的生存风
险之一。

与儿童的情形相反，直至进入 19 世纪 90 年代，女性
的职业安全和健康始终未曾改善。直至俾斯麦垮台后，妇
女才获得免于长时间、夜间和有损健康的工作保护，对于
孕晚期和产后最初几周的妇女尤其适用。在健康风险方面，
男性工人现在也得到了更有效的保护。与此相关尤为重要
的是企业监管的扩大，特别是现在还适用于家庭手工业，
这可能最终限制了在家庭中使用童工。

第五章
结束语

    第一次世界大战前夕，德国与世界主要工业国家不相上下，在某些方面德国的经济甚至超过了英国和美国这两个主要竞争对手。德国人在新工业的化学和制药工业、电气工程工业、机械制造和（数量上仍然相当微不足道的）光学工业方面尤其成功。在所有这些工业中，德国都优于英国，而与美国大致相当。仅仅在20世纪关键产业之一的车辆制造领域，德国不仅落后于美国，而且也落后于英国。

    德国经济在"漫长的"19世纪，即从1803年旧的帝国的解体到1914年第一次世界大战爆发，所取得的非同寻常的进步，也可以通过与其他欧洲国家的比较，尤其可以借助对外贸易统计数据很好地加以描绘：首先，德国对外贸易结构的区域性差异清晰地凸显了拿破仑战争结束后德国经济的欠发展。虽然原材料和农产品主要出口到英国，但制成品出口并没有集中在西欧的邻国，而是更多集中在北美和南美。

    即使早在铁路时代的初期，外贸结构也显示出德国经济落后于西欧的邻国。因为在 19 世纪 40 年代，得益于粮食出口的贸易顺差变成了逆差。造成此种情况的原因主要是铁路建设，因为最初所需的几乎所有轨道和机器都必须进口。如果没有这些进口，即不可能有德国铁路网络的快速建设，如果没有铁路建设的速度，也不会有相差无几的替代制成品进口的动力。进口的成功替代，特别是铁轨和机车，最终导致德国中期外贸结构的"工业化"。1860 年左右，制成品的出口占比较 30 年代翻了一番多，达到 50% 强。尽管关税同盟国家高度依赖原材料进口，但从长远看，由此可以确保贸易收支平衡乃至盈余。

自 19 世纪最后 25 年以来，德国已成为全球经济的一个重要因素。80 年代，德国在世界工业品生产中的占比约为 14%，但英国的占比几乎是其两倍，达到 27%。然而，尽管德国在第一次世界大战之前能够相对于崛起的美国和其他竞争对手保持其市场份额，但英国的占比却下降至德国的水平，即 14%。制成品出口的情形亦类似。德国的占比在 80 年代已经达到可观的 18%，至 1913 年再次提升至 22%，而英国在此方面同样呈现出明显的下降趋势，1913 年占比为 27%，较德国的领先优势并不太大。

这一发展尤其令人震惊，因为一个多世纪前，在耶拿和奥尔施泰特战役之后，普鲁士在军事和政治上已经疲惫不堪，其作为一个主权国家的存在也岌岌可危。普鲁士面临重蹈其他德意志国家命运——除奥地利外，重新沦为法国的卫星国的危险。接下来数十年的经济崛起在很大程度上得益于改革，但这些改革可能唯有在这样的特殊情形下方才能够得以推行。因此，普鲁士和德国的经济崛起从一开始即与军事的（重新）崛起密切相关。

这也适用于后来的时代。因此，同时代人都清楚地知道，普鲁士之所以赢得同奥地利及其德意志盟友的战争的胜利，并非因为普鲁士先进的"战争艺术"，而是因为先进的武器技术以及军队和补给更大的机动性，也就是说，因为工业化的成就。

通过19世纪60年代的战争，特别是1871年对法国的胜利，组成军队指挥核心的德国贵族的地位得到极大提升。贵族，尤其是普鲁士的容克们，可以据此继续组建一个社会阶层，其不断增长的政治影响力与其经济重要性的不断下降形成了鲜明对比。此种不同时代的同一性是帝国晚期德意志的典型特征。因此，历史学家汉斯－乌尔里希·韦勒①于近20年前将其描述为"经典现代化困境的场景：快速的经济革命与社会和政治的传统权力的统治力量的对立"。

从那时起，对"现代"的理解一直存有很多争议。然而，在此种关联下不可否认的是，19世纪早期的改革只是因为它以拯救国家及其秩序为目标而得以实施。通过所有不可否认的改变，这一目标原则上已经实现了。19世纪末似乎没有必要进行全面的政治和社会改革。人们试图转移因社会和政治条件的惯性力而引发的社会紧张局势。此处只是顺带提及民族的自我抬高和反犹太主义的兴起。自80年代起，以后来者的面目迅速建立一个殖民帝国的可笑尝试也在上述关系中发挥了作用。在经济上，德国殖民主义仅对非洲和太平洋的相关地区产生了重要影响，但对德国

① 汉斯－乌尔里希·韦勒（Hans-Ulrich Wehler，1931—2014），德国自由左翼历史学家，比勒费尔德学派的创始人，在研究19世纪德国社会史方面建树颇丰。——译者注

的经济无足轻重。被一些人同殖民扩张相关联的经济"繁荣梦想"并没有实现。这些殖民地既没有通过采矿和种植园经济成为新的原材料基地——俾斯麦本人特别希望获得铁矿石和棉花，也没有成为德国制成品的买家。第一次世界大战之前，德国出口中只有大约 2% 销往非洲，仅 1% 销往澳大利亚和波利尼西亚[①]。

在外交政策方面，外贸政策的此种形式产生了毁灭性影响。不管怎样，英国人尤其对德国在国际贸易中持续取得的成功感到忧心忡忡。帝国的野心和对"阳光下的地位"的索求，不得不被英国视作一种挑衅。自 19 世纪 90 年代以来，帝国一直试图在世界海域实施庞大的海军军备计划以对抗英国，同时通过陆军阻止法国强行收复 1871 年失去的领土，这便加剧了英国的担心。19/20 世纪之交后国际危机的加剧，乃至走到列强之间爆发武装冲突的边缘，都未能导致德意志帝国的让步。得益于 19 世纪奠定的工业基础，他们感觉自己有足够的力量在一场军事冲突中立于不败之地。

---

① 太平洋群岛名。——译者注

参考文献

1. 手册和词典

Von Aktie bis Zoll. Ein historisches Lexikon des Geldes, hrg. v. M. North, München 1995

The Fontana Economic History of Europe, hrg. v. C. Cipolla, Bd. 4: The Industrial Revolution, London 1973, Bd. 4: The Emergence of Industrial Societies, London 1973

Geschichtliche Grundbegriffe. Historisches Lexikon zur politisch-sozialen sprache in Deutschland, hrg. v.O.Brunneru.a., Bd.1−8, Stuttgart 1972−1997 Handbuch der deutschen Wirtschafts-und Sozialgeschichte, Bd. 2: Das 19. und 20. Jh., hrg. v. W. Zorn, Stuttgart 1976

Handbuch der europäischen Wirtschafts-und Sozial-geschichte, Bd. 4: von der Mitte des 17. Jh. bis zur Mitte des 19. Jh. (hrg. v. I. Mieck), Stuttgart 1993; Bd. 5: von der Mitte des 19. Jh. bis zum Ersten Weltkrieg (hrg. v. W. Fischer), Stuttgart 1985.

F.-W. Henning, Handbuch der Wirtschafts-und Sozialgeschichte Deutschlands, Bd. 2, Paderborn 1996

H. Kellenbenz, Deutsche Wirtschaftsgeschichte, Bd. 2, München1981

Propyläen-Technikgeschichte Bd. 3: A. Paulinyi u. U. Troitzsch, Mechanisierung und Maschinisierung: 1600 bis 1840, Berlin 1991; Bd 4: W. Weber u. W. König, Netzwerke, Stahl und Strom: 1840 bis 1914, Berlin1990

H.-U. Wehler, Deutsche Gesellschaftsgeschichte, Bd.1−3, München 1987−1995

2. 直接材料

Acta Borussica, Abt. A-B, Berlin 1892-1982

Acta Borussica, Neue Folge (hrg. v. Berlin-Brandenburgischen Akademie der Wissenschaften), Hildesheim 1999-2004

W. Hoffmann, Das Wachstum der deutschen Wirtschaft seit der Mitte des 19. Jh., Berlin 1965

Quellen und Forschungen zur historischen Statistik von Deutschland, hrg.v.W.Fischeru. a., Bd.1-7, St.Katharinen1986-1995

Quellen zur Bevölkerungs-, Sozial-und Wirtschaftsstatistik Deutschlands, hrg. v. W. Köllmann, Bd. 1-5, Boppard1980-1995

Quellen zur deutschen Wirtschafts-und Sozialgeschichte im 19. Jh. bis zur Reichsgründung, hrg.v. W. Steitz, Darmstadt 1980

Quellen zur deutschen Wirtschafts-und Sozialgeschichte von der Reichsgründung bis zum Ersten Weltkrieg, hrg. v. W. Steitz, Darmstadt 1985

Quellensammlung zur Geschichte der deutschen Sozialpolitik, 1867-1914, hrg. v. K. E. Born, Abt. 1, Bd. 1-7, Abt. 2, Bd. 1-3, Wiesbaden 1993-2003

Sozialgeschichtliches Arbeitsbuch 1 (1815-1870), hrg. v. W. Fischer u. a., München 1982

Sozialgeschichtliches Arbeitsbuch 2 (1870-1914), hrg. v. G. Hohorst u. a., München 1975

3. 综述材料

K. Borchardt, Die industrielle Revolution in Deutschland, München 1972

K. E. Born, Wirtschafts-und Sozialgeschichte des Deutschen Kaiserreichs (1867/71-1914), Stuttgart 1985

C. Buchheim, Industrielle Revolutionen. Langfristige Wirtschaftsentwicklung in Großbritannien, Europa und in Übersee, München 1994

C. Burhop: Wirtschaftsgeschichte des Kaiserreichs 1871-1918, Göttingen 2011

F. Butschek, Europa und die Industriellen Revolution, Wien 2002

A. Gerschenkron, Economic Back wardness in Historical Perspective, Cambridge/Mass.1962

H. -W. Hahn, Die industrielle Revolution in Deutschland, München 1998

H. Kiesewetter, Industrielle Revolution in Deutschland. Regionen als Wachstumsmotoren, Stuttgart 2004

C.Kleinschmidt, Technik und Wirtschaft in Deutschland im 19.und 20. Jh., München 2007

J.Komlos u.M.Artzrouni, Ein Simulationsmodell der Industriellen Revolution, in: VSWG 81, 1994, S. 324ff.

F. Lenger, Industrielle Revolution und Nationalstaatsgründung (Gebhardt Handbuch der deutschen Geschichte, 10. Auflage, Bd. 15), Stuttgart 2003

T. Pierenkemper, Gewerbe und Industrie im 19. und 20. Jh., München 1994

T.Pierenkemper, Umstrittene Revolutionen. Die Industrialisierung im 19. Jh., Frankfurt/ Main1996

S. Pollard, Peaceful Conquest. The Industrialisation of Europe 1760–1970, Oxford 1982

R.Porteru. M. Teich(Hg.), Die Industrielle Revolution in England, Deutschland, Italien, Berlin1998

J. Radkau, Technik in Deutschland, Frankfurt/Main 2008

R.Tilly, Vom Zollverein zum Industriestaat: die wirtschaftlich-soziale Entwicklung Deutschlands 1834–1914, München 1990

C. Wischermann u. A. Nieberding, Die institutionelle Revolution. Eine Einführung in die Wirtschaftsgeschichte des 19. und frühen 20. Jh., Stuttgart 2004

4. 农业

W. Abel, Geschichte der deutschen Landwirtschaft vom frühen Mittelalter bis zum 19. Jh., Stuttgart 1978, 3. Auflage

W. Achilles, Deutsche Agrargeschichte im Zeitalter der Reformen und der Industrialisierung, Stuttgart 1993

M. Böhm, Bayerns Agrarproduktion 1800–1870, St. Katharinen 1995

G. Comberg, Die deutsche Tierzucht im 19. und 20. Jahrhundert, Stuttgart1984

F.-W. Henning, Dienste und Abgaben der Bauernim Jh., Berlin1970

H. Kiesewetter, Industrialisierung und Landwirtschaft: Sachsens Stellung im regionalen Industrialisierungsprozess Deutschlands im 19. Jh., Köln1988

N. Koning, The Failure of Agrarian Capitalism. Agrarian Politics in the United Kingdom, Germany, the Netherlands und the USA 1846–1919, London 1994

M. Kopsidis, Marktintegration und Entwicklung der westfälischen Landwirtschaft 1780– 1880: marktorientierte ökonomische Entwicklung eines bäuerlich strukturierten Agrarsektors, Münster 1996

M. Kopsidis, Agrarentwicklung. Historische Agrarrevolutionen und Entwicklungs ökonomie, Stuttgart 2006

M. Kopsidis u. H. Hockmann, Technical change in Westphalian peasant agriculture and the rise of the Ruhr, circa 1830-1880, in: European Review of Economic History14 (2010), S.209-237

M.-F. Krawinkel, Die Rübenzuckerwirtschaft in Deutschland im 19. Jahrhundert, Köln 1994

B. Mütter, Agrarmodernisierung im Herzogtum Oldenburg zwischen Reichsgründung und Erstem Weltkrieg: Marsch und Geest im interregionalen Vergleich, Hannover 1995

M. North, Abgaben und Dienste in der ostdeutschen Landwirtschaft vom Spätmittelalter bis zur Bauernbefreiung, in: E. Schremmer (Hg.), Steuern, Abgaben und Dienste vom Mittelalter bis zur Gegenwart, Stuttgart1994, S.77-89

T.Pierenkemper(Hg.), LandwirtschaftundIndustrielle Entwicklung. Zur ökonomischen Bedeutungvon Bauernbefreiung, Agrarreform und Agrarrevolution, Stuttgart 1989

H. Reif (Hg.), Ostelbische Agrargesellschaft im Kaiserreich und in der Weimarer Republik, Berlin 1994

D. Schaal, Rübenzuckerindustrie und regionale Industrialisierung. Der Industrialisierungsprozess im mitteldeutschen Raum, Münster 2005

F. Uekötter, Die Wahrheit ist auf dem Feld. Eine Wissensgeschichte der deutschen Landwirtschaft, Göt-tingen2010

U. Wallbaum, Die Rübenzuckerindustrie in Hannover: zur Entstehung und Entwicklung eines landwirtschaftlichen gebundenen Industriezweigs von den Anfängen bis zum Beginn des Ersten Weltkriegs, Stuttgart 1998

Th. Wieland, "Wir beherrschen den pflanzlichen Organismus besser..." Wissenschaftliche Pflanzenzüchtung in Deutschland 1889-1945, München 2004

5. 手工业和工业化之前的贸易

M. Boldorf, Europäische Leinenregionen im Wandel. Institutionelle Weichenstellungen in Schlesien und Irland (1750-1850), Köln 2006

M. Cerman u. S. Ogilvie (Hg.), Proto-Industrialisierung in Europa: industrielle Produktion vor dem Fabrikzeitalter, Wien1994

D. Ebeling, Protoindustrie in der Region: europäische Gewerbelandschaften vom 16. bis zum 19. Jh., Bielefeld 1997

D. Ebeling u. a., The German wool and cotton industry from the sixteenth to the twentieth century, in: Lex Heerma van Voss u.a. (ed.), The Ashgate Companion to the History of

Textile Workers, 1650–2000, Farnham 2010, S.199–229

K.-H. Kaufhold, Das deutsche Gewerbe am Ende des 18. Jh. Handwerk, Verlag und Manufaktur, in: H. Berding u. H.-P. Ullmann (Hg.), Deutschland zwischen Revolution und Restauration, Königstein 1981, S.311–327

K.-H. Kaufhold, Handwerkliche Tradition und Industrielle Revolution, in: ders. u. F. Riemann (Hg.), Theorie und Empirie in Wirtschaftspolitik und Wirtschaftsgeschichte, Göttingen 1984, S.169–188

K.-H. Kaufhold, Industrielle Revolution und Handwerk, in: Jahrbuch für Wirtschaftsgeschichte Sonderband 1989, S. 164 ff.

P. Kriedte u. a., Industrialisierung vor der Industrialisierung. Gewerbliche Warenproduktion auf dem Lande in der Formationsperiode des Kapitalismus, Göttingen 1977

P. Kriedte u. a., Sozialgeschichte in der Erweiterung Protoindustrialisierung in der Verengung. Demographie, Sozialstruktur, moderne Hausindustrie, in: Ge-schichte und Gesellschaft18, 1992, S.231–255

F. Lenger, Sozialgeschichte der deutschen Handwerker seit 1800, Frankfurt/Main 1988

F. Lenger, Hausindustrie und die historische Schule der Nationalökonomie: wissenschafts- und gewerbegeschichtliche Perspektiven, Bielefeld 1998

W. Mager, Protoindustrialisierung und Protoindustrie. Vom Nutzen und Nachteil zweier Konzepte, in: Geschichte und Gesellschaft 14, 1988, S. 275 ff.

F. Mendels, Proto-Industrialization: The First Phase of the Industrialization Process, in: Journal of Economic History 32, 1972, S. 241–261

S. Ogilvie, State Corporatism and Proto-Industry: the Württemberg Black Forest, 1580–1797, Cambridge 1997

U. Pfister, Protoindustrielle Produktionsregimes in institutionenökonomischer Perspektive, in: K.P.Ellerbrock u.C.Wischermann(Hg.), Die Wirtschaftsge schichte vor der Herausforderung durch die New Institutional Economics, Dortmund 2004, S.160–178

U.Pfister, Proto-industrielles Wachstum-ein theoretisches Modell, in: Jahrbuch für Wirtschaftsgeschichte 1998/2, S.21ff.

U. Puschner, Handwerk zwischen Tradition und Wandel: das Münchner Handwerk an der Wendevom 18. zum 19. Jh., Göttingen 1988

E.Schremmer, Industrialisierung vor der Industrialisierung, in: Geschichte und Gesellschaft 6, 1980, S. 420ff.

6. 地区的工业化

a. 关税同盟和交通革命

H. Best, Interessenpolitik und nationale Integration: 1848/49. Handelspolitische Konflikte im frühindustriellen Deutschland, Göttingen 1980

R. Dumke, The Political Economy of German Economic Unification: Tariffs, Trade and Politics of the Zollverein Era, Ann Arbor 1983

W. Fischer, Der deutsche Zollverein. Fallstudie einer Zollunion, in: ders., Wirtschaft und Gesellschaft im Zeitalter der Industrialisierung, Göttingen 1972, S. 110ff.

L. Gall, Eisenbahn in Deutschland: von den Anfängen bis zum Ersten Weltkrieg, in: ders. u. M. Pohl (Hg.), Die Eisenbahn in Deutschland, München 1999, S. 13ff.

B. Gehlen, Zwischen Wettbewerbsideal und Staatsräson. Die Diskussionen im Deutschen Handelstag über Regulierung und Verstaatlichung der Eisenbahnen (1861–1879), Jahrbuch für Wirtschaftsgeschichte 2011/2, S. 119–149

H.-W. Hahn, Geschichte des Deutschen Zollvereins, Göttingen 1984

H.-W. Hahn, Wirtschaftliche Integration im 19. Jh.: die hessischen Staaten und der Deutsche Zollverein, Göttingen 1982

T. Ohnishi, Zolltarifpolitik Preußens bis zur Gründung des deutschen Zollvereins, Göttingen 1973

J. Wysocki, Süddeutsche Aspekte der räumlichen Ordnung des Zollvereins, in: Raumordnung im 19. Jh., Teil 2, Hannover 1967, S. 151ff.

D. Ziegler, Eisenbahnen und Staat im Zeitalter der Industrialisierung. Die Eisenbahnpolitik der deutschen Staaten im Vergleich, Stuttgart 1996

b. 领先地区

R. Banken, Die Industrialisierung der Saarregion 1815–1914, 2 Bde., Stuttgart 2000–2003

M. Boldorf, Industrial Districts-methodische und konzeptionelle Überlegungen zur Industriegeschichte Süd-und Westeuropas, in: Jahrbuch für Wirtschaftsgeschichte 2011/2, S. 153–174

W. Feldenkirchen, Die Eisen-und Stahlindustrie des Ruhrgebiets 1879–1914, Wiesbaden 1982

R. Forberger, Die industrielle Revolution in Sachsen 1800–1861, Bd. 1: Die Revolution der Produktivkräfte in Sachsen 1800–1830, Berlin 1982; Bd. 2: Die Revolution der

Produktivkräfte in Sachsen 1831–1861, Berlin 1999

R. Fremdling u. R. Tilly (Hg.), Industrialisierung und Raum. Studien zur regionalen Differenzierung in Deutschland des 19. Jh., Stuttgart 1979

W. Hoth, Die Industrialisierung einer rheinischen Industriestadt: dargestellt am Beispiel Wuppertal, Köln 1975

R. Karlsch u. M. Schäfer, Wirtschaftsgeschichte Sachsens im Industriezeitalter, Leipzig 2006

H. Kiesewetter u. R. Fremdling (Hg.), Staat, Region und Industrialisierung, Ostfildern 1985

H. Kiesewetter, Zur Dynamik regionaler Industrialisierung in Deutschland-Lehren für die europäische Union?, in: Jahrbuch für Wirtschaftsgeschichte 1992/1, S. 79ff.

H. Kiesewetter, Die Industrialisierung Sachsens. Ein regionalvergleichendes Erklärungsmodell, Stuttgart 2007

W. Köllmann u. a. (Hg.), Das Ruhrgebiet im Industriezeitalter. Geschichte und Entwicklung, 2 Bde., Düsseldorf 1990

E. Komarek, Die Industrialisierung Oberschlesiens, Bonn 1998

Z. Kwasny, Die Entwicklung der oberschlesischen Industrie in der ersten Hälfte des 19. Jh., Dortmund 1998

T. Pierenkemper (Hg.), Die Industrialisierung europäischer Montanregionen im 19. Jh., Stuttgart 2002

T. Pierenkemper, Regionen und Regionale Industrialisierung. Zur wirtschaftlichen Entwicklung ostmitteleuropäischer Regionen im 19 Jh., Aachen 2009

H. Pohl (Hg.), Gewerbe-und Industrielandschaften vom Spätmittelalter bis ins 20. Jh., Stuttgart 1986

S. Pollard, Peaceful Conquest. The Industrialisation of Europe, Oxford 1981

S. Pollard (Hg.), Region und Industrialisierung, Göttingen 1980

J. Reulecke, Die deutsche Stadt im Industriezeitalter, Wuppertal 1978

7. 领先的工业部门

a. 重工业

D. Bleidick: Zur Einführung des Thomas-Verfahrens in Deutschland, in: M. Rasch u. J. Maas (Hg.), Das Thomas-Verfahren in Europa. Entstehung-Entwicklung-Ende, Essen 2009, S. 50–112

W. Fischer, Die Bedeutung der preußischen Bergrechtsreform (1851-1865) für den industriellen Aufbau des Ruhrgebiets, in: ders., Wirtschaft und Gesellschaft im Zeitalter der Industrialisierung, Göttingen 1972, S. 161-178

R. Fremdling, Eisenbahnen und deutsches Wirtschaftswachstum 1840-1879, Dortmund 1975

R. Fremdling, Technologischer Wandel und internationaler Handel im 18. und 19. Jahrhundert. Die Eisenindustrie in Großbritannien, Belgien, Frankreich und Deutschland, Berlin 1986

V. Hentschel, Leitsektorales Wachstum und Trendperioden. Rostows Konzept modernen Wirtschaftswachstums in theoriegeschichtlicher Perspektive, in: Vierteljahrsschrift für Sozial-und Wirtschaftsgeschichte 80, 1993, S. 197ff.

C.-L. Holtfrerich, Quantitative Wirtschaftsgeschichte des Ruhrkohlenbergbaus im 19. Jahrhundert, Dortmund 1973

S. Meschkat-Peters, Eisenbahnen und Eisenbahnindustrie in Hannover 1835-1914, Hannover 2001

W. W. Rostow, Leading Sectors and the Take-off, in: ders., The Economics of Take off into Sustained Growth, London 1963, S. 1ff.

R. Spree, Die Wachstumszyklen der deutschen Wirtschaft 1840 bis 1880, Berlin 1977

R. Spree, Wachstumstrends und Konjunkturzyklen in der deutschen Wirtschaft von 1820 bis 1913, Göttingen 1978

G. Wagenblaß, Der Eisenbahnbau und das Wachstum der deutschen Eisen-und Maschinenbauindustrie 1835 bis 1860, Stuttgart 1973

U. Wengenroth, Krisen in der deutschen Stahlindustrie im Deutschen Kaiserreich und in der Zwischenkriegszeit, in: F.-W. Henning (Hg.), Krisen und Krisenbewältigung vom 19. Jh. bis heute, Frankfurt/Main 1998, S. 70-91

U. Wengenroth, Unternehmensstratgien und technischer Fortschritt. Die deutsche und die britische Stahlindustrie 1865-1895, Göttingen 1986

b. 新工业

C. Burhop u. T. Lübbers, Incentives and Innovation? R&D Management in Germany's Chemical and Electrical Engineering Industries around 1900, in: Explorations in Economic History 47 (2010), S. 100-111

A. Engel, Farben der Globalisierung. Die Entstehung moderner Märkte für Farbstoffe 1500–1900, Frankfurt/ Main u. New York 2009

P. Erker, Die Verwissenschaftlichung der Industrie. Industrieforschung in den europäischen und amerikanischen Elektrokonzernen, in: Zeitschrift für Unternehmensgeschichte 35, 1990, S. 73ff.

J.-O. Hesse, Im Netz der Kommunikation: die Reichs-Post und Telegraphenverwaltung 1876–1914, München 2002

Th. Hughes, Networks of Power. Electrification in Western Society 1880–1930, Baltimore 1983

W. König, Anfänge der städtischen Elektrifizierung, in: Beiträge zur Geschichte der Technik und der technischen Bildung 9 (1994), S. 29ff.

U. Kühl, Die Anfänge städtischer Elektrifizierung in Deutschland und Frankreich, in: D. Schott (Hg.), Energie und Stadt in Europa, Stuttgart 1997, S. 129ff.

G. Plumpe, Die I.G. Farbenindustrie. Wirtschaft, Technik, Politik 1904–1945, Berlin 1990

I. Possehl, Unternehmer und technischer Fortschritt zu Beginn der Feinchemikalienindustrie, in: F. Schinzinger (Hg.), Unternehmer und technischer Fortschritt, München 1996, S. 265ff.

J. Streb, J. Baten, S. Yin, Technological and Geographical Knowledge Spillover in the German Empire 1877–1918, in: Economic History Review 59 (2006), S. 347–373

U. Wengenroth, The Electrification of the Workshop, in: F. Cardot (Hg.), 1880–1980. Un siécle d'électricité dans le monde, Paris 1987, S. 362ff.

W. Wetzel, Naturwissenschaft und chemische Industrie in Deutschland, Stuttgart 1991 Literatur 148

W. Wimmer, "Wir haben fast immer was Neues". Gesundheitswesen und Innovationen der Pharma-Industrie in Deutschland 1880–1935, Berlin 1994

8. 货币和信贷

K. Borchardt, Währung und Wirtschaft, in: Deutsche Bundesbank (Hg.), Währung und Wirtschaft in Deutschland 1876–1975, Frankfurt/Main 1976, S. 3ff.

K. Borchardt, Zur Frage des Kapitalmangels in der ersten Hälfte des 19. Jh. in Deutschland, in: Jahrbücher für Nationalökonomie und Statistik 173 (1961), S. 401–421

C. Burhop, Die Kreditbanken in der Gründerzeit, Stuttgart 2004

C. Buchheim, Deutsche Finanzmetropole von internationalem Rang (1870−1914), in Geschichte des Finanzplatzes Berlin, Frankfurt/Main 2002, S. 103ff.

R. Gömmel, Die Entstehung und Entwicklung der Effektenbörse im 19. Jh. bis 1914, in: H. Pohl (Hg.), Deutsche Börsengeschichte, Frankfurt/Main 1992, S. 135−207

C.-L. Holtfrerich, Der Finanzplatz Frankfurt, München 1999

C.-L. Holtfrerich, The Monetary Unification Process in 19th Century Germany, in: M. deCecco u. A. Giovannini (Hg.), A European Central Bank?, Cambridge 1989, S. 216ff.

C.-L. Holtfrerich, Vom Zollverein und Währungspluralismus zur einheitlichen Reichswährung, Frankfurt/ Main 1988

A. Kluge, Geschichte der deutschen Bankgenossenschaften, Frankfurt/Main 1991

S. Lehmann, Die Bedeutung der Emissionsbanken auf dem deutschen Aktienmarkt 1896− 1913, Vierteljahresschrift für Sozial-und Wirtschaftsgeschichte, 98 (2011)

J. Lichter, Preußische Notenbankpolitik in der Formationsphase des Zentralbanksystems 1844−1857, Berlin 1999

U. Nocken, Die große Deflation. Goldstandard, Geldmenge und Preise in den USA und Deutschland 1870−1896, in: E. Schremmer (Hg.), Geld und Währung vom 18. Jh. bis zur Gegenwart, Stuttgart 1993, S. 156−189

F. Otto, Die Entstehung des nationalen Geldes. Integrationsprozesse der deutschen Wirtschaft im 19. Jh., Berlin 2002

M. Pohl, Entstehung und Entwicklung des Universalbanksystems, Frankfurt/Main 1986

W. Radtke, Die Preußische Seehandlung zwischen Staat und Wirtschaft in der Frühphase der Industrialisierung, Berlin 1981

R. Tilly, Geld und Kredit in der Wirtschaftsgeschichte, Stuttgart 2003

R. Tilly, German Banking 1850−1914. Development Assistance for the Strong, in: JEEH 15, 1986, S. 113ff.

D. Ziegler, The Influence of Banking on the Rise and Expansion of industrial capitalism in Germany, in: G. Kurgan u. a. (Hg.), Banking, Trade and Industry, Cambridge 1997, S. 131ff.

D. Ziegler, Zentralbankpolitische "Steinzeit"? Preußische Bank und Bank of England im Vergleich, in: Geschichte und Gesellschaft 19, 1993, S. 475ff.

9. 大企业和联盟

J.M. Brophy, Capitalism, Politics and Railroads in Prussia 1830–1870, Columbus 1998

F. Blaich, Kartell-und Monopolpolitik im Kaiserlichen Deutschland. Das Problem der Marktmacht im deutschen Reichstag zwischen 1879 und 1914, Düsseldorf 1973

A. Chandler, Scale and Scope. Dynamics of Industrial Capitalism, Cambridge/Mass. 1990

N. Horn u. J. Kocka (Hg.), Recht und Entwicklung der Großunternehmen im 19. und frühen 20. Jahrhundert, Göttingen 1979

J. Kocka, Großunternehmen und der Aufstieg des Managerkapitalismus im späten 19. und frühen 20. Jahrhundert: Deutschland im internationalen Vergleich, in: Historische Zeitschrift 232, 1981, S. 39ff.

J. Kocka, Management in der Industrialisierung. Die Entstehung und Entwicklung des klassischen Musters, in: Zeitschrift für Unternehmensgeschichte 44 (1999), S. 135–149

H. Pohl (Hg.), Kartelle und Kartellgesetzgebung in Praxis und Rechtsprechung vom 19. Jh. bis zur Gegenwart, Stuttgart 1985

H.-P. Ullmann, Interessenverbände in Deutschland, Frankfurt/Main 1988

10. 政府和工业化
a. 自由主义改革

S. Brakensiek, Agrarreform und ländliche Gesellschaft. Die Privatisierung der Marken in Nordwestdeutschland 1750–1850, Paderborn 1991

C. Dipper, Die Bauernbefreiung in Deutschland 1790–1850, Stuttgart 1980

C. Dipper, Wirtschaftspolitische Grundsatzentscheidungen in Süddeutschland, in: H.-P. Ullmann u. C. Zimmermann (Hg.), Restaurationssystem und ReLiteratur 149 formpolitik: Süddeutschland und Preußen im Vergleich, München 1996, S. 139ff.

H. Harnisch, Kapitalistische Agrarreform und Industrielle Revolution. Agrarhistorische Untersuchungen über das ostelbische Preußen zwischen Spätfeudalismus und bürgerlich-demokratischer Revolution von 1848/49 unter besonderer Berücksichtigung der Provinz Brandenburg, Weimar 1989

H. Harnisch, Wirtschaftspolitische Grundsatzentscheidungen und sozialökonomischer Modernisierungsprozeß in Preußen während der ersten Hälfte des 19. Jahrhunderts, in: H.-P. Ullmann u. C. Zimmermann (Hg.), Restaurationssystem und Reformpolitik: Süddeutschland und Preußen im Vergleich, München 1996, S. 163ff.

J. Kocka, Preußischer Staat und Modernisierung im Vormärz: marxistisch-leninistische Interpretation und ihre Probleme, in: H.-U. Wehler (Hg.), Sozialgeschichte heute, Göttingen 1974, S. 311ff.

M. Kopsidis, Liberale Wirtschaftspolitik im Zeitalter der Industrialisierung, in: R. Tilly (Hg.), Geschichte der Wirtschaftspolitik, München 1993, S. 34–68

G. Krug, Die Entwicklung ökonomischer Freiheitsrechte in Deutschland im Wandel von Staat, Wirtschaft und Gesellschaft vom Ancien Régime bis zur Reichsgründung (1776–1871), Frankfurt/Main 1995

F. Lütge, Geschichte der deutschen Agrarverfassung vom frühen Mittelalter bis zum 19. Jh., Stuttgart 1967, 2. Auflage

P. Nolte, Staatsbildung als Gesellschaftsreform. Politische Reformen in Preußen und den süddeutschen Staaten 1800–1820, Frankfurt/Main 1990

U. Müller, Infrastrukturpolitik in der Industrialisierung. Der Chausseebau in der preußischen Provinz Sachsen und dem Herzogtum Braunschweig vom Ende des 18. Jh. bis in die siebziger Jahre des 19. Jh., Berlin 2000

A. Strunz-Hoppe, Wandel der Agrarverfassung. Die Bauernbefreiung im ehemaligen Hochstift Paderborn im 19. Jh., Paderborn 2003

R. Tilly, "Perestroika à la Prusse": Preußens liberale Reformen zu Anfang des 19. Jh. im Lichte des Transformationsparadigmas, in: Jahrbuch für Wirtschaftsgeschichte 1996/2, S. 147–160

B. Vogel, Allgemeine Gewerbefreiheit. Die Reformpolitik des preußischen Staatskanzlers Hardenberg (1810–1820), Göttingen 1983

C. Wischermann, Preußischer Staat und westfälische Unternehmer zwischen Spätmerkantilismus und Liberalismus, Köln 1992

A. v. Witzleben, Staatsfinanznot und sozialer Wandel. Eine finanzsoziologische Analyse der preußischen Reformen zu Beginn des 19. Jahrhunderts, Stuttgart 1985

J. Ziekow, Freiheit und Bindung des Gewerbes, Berlin 1992

H. Zückert, Allmende und Allmendenaufhebung. Vergleichende Studien vom Spätmittelalter bis zu den Agrarreformen des 18./19. Jh., Stuttgart 2003

b. 政府干预

W. Abelshauser, Staat, Infrastruktur und regionaler Wohlstandsausgleich im Preußen der

Hochindustrialisierung, in: F. Blaich (Hg.), Staatliche Umverteilungspolitik in historischer Perspektive, Berlin 1981, S. 9ff.

G. Ambrosius, Der Staat als Unternehmer. Öffentliche Wirtschaft und Kapitalismus seit dem 19. Jh., Göttingen 1984

S. Conrad, Globalisierung und Nation im Deutschen Kaiserreich, München 2006

K. Hardach, Die Bedeutung wirtschaftlicher Faktoren bei der Wiedereinführung der Eisen- und Getreidezölle in Deutschland, Berlin 1967

V. Hentschel, Wirtschaft und Wirtschaftspolitik im Wilhelminischen Deutschland, Stuttgart 1978

A. Knips, Deutsche Arbeitgeberverbände der Eisenund Metallindustrie 1888−1914, Stuttgart 1996

J. Kocka, Organisierter Kapitalismus im Kaiserreich?, in: Historische Zeitschrift 230(1980), S. 613−631

W. Krabbe, Die deutsche Stadt im 19. und 20. Jahrhundert, Göttingen 1989

W. Krabbe, Munizipalsozialismus und Interventionsstaat. Die Ausbreitung der städtischen Leistungsverwaltung im Kaiserreich, in: Geschichte in Wissenschaft und Unterricht 30 (1979), S. 265ff

W. Krabbe, Städtische Wirtschaftsbetriebe im Zeichen des "Munizipalsozialismus": Die Anfänge der Gasund Elektrizitätswerke im 19. und frühen 20. Jahrhundert, in: H. H. Blotevogel (Hg.), Kommunale Leistungsverwaltung und Stadtentwicklung, Köln 1990, S. 117ff.

M. Maetschke, Ursprünge der Zwangskartellgesetzgebung. Der Entwurf eines Gesetzes über den Absatz von Kalisalzen vom 12. Dezember 1909, Baden-Baden 2008

E. Müller, Theorie und Praxis des Staatshaushaltsplans im 19. Jahrhundert am Beispiel von Preußen, Bayern, Sachsen und Württemberg, Opladen 1989

J. Reulecke, Geschichte der Urbanisierung in Deutschland, Frankfurt/Main 1997

M. Seckelmann, Industrialisierung, Internationalisierung und Patentrecht im Deutschen Reich, 1871−1914, Frankfurt/Main 2006

M. Steinkühler, Agrar-oder Industriestaat. Die Auseinandersetzung um die Getreidehandels- und Zoll politik des Deutschen Reichs 1879−1914, Frankfurt/ Main 1992

B. Stier, Staat und Strom. Die politische Steuerung des Elektrizitätssystems in Deutschland 1890−1950, Ubstadt-Weiher 1999

C. Torp, Die Herausforderung der Globalisierung. Wirtschaft und Politik in Deutschland 1860–1914, Göttingen 2005

H.-P. Ullmann, Interessenverbände in Deutschland, Frankfurt/Main 1988

H.-P. Ullmann, Der deutsche Steuerstaat. Geschichte der öffentlichen Finanzen, München 2005

H. A. Winkler (Hg.), Organisierter Kapitalismus. Voraussetzungen und Anfänge, Göttingen 1974

11. 工业化的社会和经济后果

W. Abel, Massenarmut und Hungerkrisen im vorindustriellen Deutschland, Göttingen 1977, 2. Auflage A. Boentert, Kinderarbeit im Kaiserreich 1871–1914, Paderborn 2007

F.-J. Brüggemeier, Das unendliche Meer der Lüfte: Luftverschmutzung, Industrialisierung und Risikodebatten im 19. Jh., Essen 1996

J. Büschenfeld, Flüsse und Kloaken. Umweltfragen im Zeitalter der Industrialisierung (1870–1918), Stuttgart 1997

S. Dauks, Kinderarbeit in Deutschland im Spiegel der Presse (1890–1920), Berlin 2003

C. Eisenberg, Deutsche und englische Gewerkschaften. Entstehung und Entwicklung bis 1875 im Vergleich, Göttingen 1986

W. Feldenkirchen, Kinderarbeit im 19. Jahrhundert, in: Zeitschrift für Unternehmensgeschichte 26, 1981, S. 1ff.

H. Fischer. Konsum im Kaiserreich: Eine statistischanalytische Untersuchung privater Haushalte im wilhelminischen Deutschland, Berlin 2011

U. Gilhaus, "Schmerzenskinder der Industrie". Umweltverschmutzung, Umweltpoltik und sozialer Protest im Industriezeitalter in Westfalen 1845–1914, Paderborn 1995

H. Grebing, Geschichte der deutschen Arbeiterbewegung, Berlin 2007

S. Hartig, Alterssicherung in der Industrialisierung, Marburg 2002

R. Henneking, Chemische Industrie und Umwelt. Konflikte um Umweltbelastungen durch die chemische Industrie am Beispiel der schwerchemischen, Farben-und Düngemittelindustrie der Rheinprovinz (ca. 1800–1914); Stuttgart 1994

G. Hohorst, Von der Agrargesellschaft zum Industriekapitalismus: der Kernprozeß der "demographischen Transition" in Deutschland, in: K.J. Bade (Hg.), Auswanderer, Wanderarbeiter, Gastarbeiter, Ostfildern 1984

J. Kocka, Die Angestellten in der deutschen Geschichte 1850–1980, Göttingen 1981

J. Kocka, Arbeitsverhältnisse und Arbeiterexistenzen. Grundlagen der Klassenbildung im 19. Jh., Bonn 1990

S. Quandt, Kinderarbeit und Kinderschutz in Deutschland 1793–1976, Paderborn 1978

T. Pierenkemper u. K. Zimmermann, Zum Aufstieg und Niedergang des Normalarbeitsverhältnisses in Deutschland 1800–2010, in: Jahrbuch für Wirtschaftsgeschichte 2009/2, S. 231–242

R. Reith, Auswirkungen der Not-und Teuerungskrise 1846–47 auf Erzeuger und Verbraucher am Beispiel Konstanzer Handwerkerhaushalte, in: T. Pierenkemper, Haushalt und Verbrauch in historischer Perspektive, St. Katharinen 1987, S. 125ff.

J. Reulecke (Hg.), Geschichte des Wohnens, Stuttgart 1997

G. A. Ritter, Sozialversicherung in Deutschland und England, München 1983

G. A. Ritter u. K. Tenfelde, Arbeiter im Deutschen Kaiserreich, Bonn 1992

G. Schildt, Die Landarbeiter im 19. Jh. -eine unvollendete Klasse, in: Archiv für Sozialgeschichte 36 (1996), S. 1–26

K. Schönhoven, Die deutschen Gewerkschaften, Frankfurt/Main 1987

G. Schulz, Die Angestellten seit dem 19. Jh., München 2000

U. Sellier, Die Arbeiterschutzgesetzgebung im 19. Jahrhundert, Paderborn 1998

K. Tenfelde, Sozialgeschichte der Bergarbeiter an der Ruhr im 19. Jh., Bonn 1981 (2. Auflage)

K. Tenfelde u. H. Volkmann (Hg.), Streik. Zur Geschichte des Arbeitskampfes in Deutschland während der Industrialisierung, München 1981

H. J. Teuteberg (Hg.), Homo Habitans, Münster 1985

R. Wirtz, Die Ordnung der Fabrik ist nicht die Fabrikordnung. Bemerkungen zur Erziehung in der Fabrik während der frühen Industrialisierung an südwestdeutschen Beispielen, in: H. Haumann (Hg.), Arbeiteralltag in Stadt und Land, Berlin 1982, S. 61–88